I0440684

ANDREA MARCHIONNI

Comunicare in azienda:

*prevenire, individuare, correggere
i fraintendimenti*

© 2009-2010 Andrea Marchionni – Pesaro – Italy
Tutti i diritti sono riservati.
ISBN 978-1-4461-0524-5

Questo libro è una breve analisi del fenomeno del fraintendimento verbale nel linguaggio ordinario (sia nei colloqui orali sia in scambi di testi) in un contesto lavorativo in cui i parlanti appartengono alla stessa cultura, usano la stessa lingua e non ci sono disturbi nei canali comunicativi.

Infatti anche in un contesto comunicativo, in apparenza estremanente favorevole alla mutua comprensione, i fraintendimenti nelle conversazioni accadono; si cercherà qui di capirne meglio le cause e la natura.

Prima si preciserà cosa si intende per 'fraintendimento' e poi si vaglieranno le possibili cause sintattiche, semantiche e pragmatiche, distinguendo tra le cause costitutive del linguaggio e quelle a carico degli interlocutori.

Infine si parlerà dei metodi per l'individuazione dei fraintendimenti, suggerendo delle strategie per la loro prevenzione e risoluzione.

Questo testo è basato nella quasi totalità sulla tesi di laurea in filosofia da me discussa nel 2009 presso l'Università di Urbino, avente come relatore il Prof. Mario Alai, che qui ringrazio per il prezioso supporto. Il titolo della tesi è "I fraintendimenti linguistici in ambiente lavorativo monoculturale, monolinguistico e in assenza di rumore".

SOMMARIO

1 INTRODUZIONE

1.1 Il campo di ricerca

Il fraintendimento non è un concetto applicabile solamente al linguaggio, ma trova spazio in tutte le situazioni in cui siano presenti dei comportamenti comunicativi. Il fraintendimento di natura non verbale, in particolare, non avviene solo tra esseri umani, infatti un cane, per esempio, può fraintendere il movimento della mano di un bambino protesa per accarezzarlo e quindi morderla.

Mi occuperò però qui solamente del fraintendimento linguistico. Studiare i fraintendimenti aiuta a capire meglio i meccanismi che sottostanno alla comunicazione tra le persone: «lo studio del fraintendimento si relaziona a quello del comprendere in maniera indiretta ed esterna, "piuttosto similmente a come si dice che un comportamento patologico ci aiuta a comprendere il comportamento *normale*" (Dascal 1989)» (Ardissono et al. 1998 – trad. it. mia). Similmente, se mi si perdona l'ardito rimando, fece Heidegger trattando l'Ente partendo dal Niente (cfr. Heidegger 1929, trad. it. 40-67).

Per circoscrivere ulteriormente il campo di studio, non tratterò il pericolo del fraintendimento nel linguaggio scientifico, ma solamente nel linguaggio cosiddetto ordinario. L'esigenza di cercare una lingua da usare per la trasmissione della conoscenza (linguaggio scientifico), quindi con fine epistemico, capace di dare sicurezza logica alla comprensione dei segni, era emersa con Leibniz e il suo studio di una lingua da lui pensata, chiamata *Characteristica Universalis*. Questo linguaggio formale privo di ambiguità per sua struttura, che potesse essere usato da agenti umani, rimane a oggi però solo una chimera. Certamente gli uomini sono riusciti a costruire linguaggi formali senza le innumerevoli sfumature e sbavature che ha invece la lingua che usiamo nella vita di tutti i giorni. I linguaggi formali sono utilizzabili per descrivere algoritmi[1] e sono interpretabili univocamente da macchine calcolatrici (*computer*), però si tratta di una situazione diversa rispetto alla comunicazione tra persone, perché in questo secondo scenario l'interazione è tipicamente tra uomo e macchina, dove l'uomo sa esattamente quali sono i processi interpretativi della controparte, cioè della macchina. Questi processi, infatti, sono stati progettati da altri uomini e si ha quindi la possibilità di conoscere gli algoritmi sottostanti. Nell'interazione linguistica tra agenti umani è possibile accordarsi sull'uso di linguaggi formali per coordinarsi in compiti specifici ripetitivi e con uno schema computabile, cioè tali per cui esista un algoritmo, ma questi linguaggi formali non copriranno mai tutte le possibilità espressive dei linguaggi naturali, tenendo anche conto che gli uomini non sono costruiti in serie e il loro sistema interpretativo non è programmato da altri uomini, cosa che ne renderebbe altrimenti conosciuti precisamente i meccanismi. Pertanto, il linguaggio che qui considero è quello ordinario che si usa nelle situazioni quotidiane.

L'ambiente di lavoro, sia che si tratti di un lavoro di concetto, sia di un lavoro con caratteristiche più manuali, rappresenta un caso d'uso particolare. Il linguaggio ordinario in questo ambiente viene usato, oltre che per le normali interazioni

---

[1] Un algoritmo può essere definito come una sequenza di operazioni univocamente interpretabili ed eseguibili meccanicamente, che termina in un numero finito di passi con la soluzione di un problema. Un problema risolvibile con un algoritmo può essere la preparazione di un piatto di cucina (esempio classico della ricetta) oppure il calcolo dell'area di un triangolo. Non tutti i problemi hanno un algoritmo che li risolve, questi sono quindi "non calcolabili". Alan Turing elaborò una macchina ideale (detta appunto "Turing machine") con cui studiò la definizione e l'applicazione degli algoritmi e la relazione con la computabilità.

sociali come i saluti e i pettegolezzi, per "trasferire" informazione utile al risultato dell'impresa, quindi l'efficacia comunicativa riveste un'importanza cruciale. Un fraintendimento da parte di un fornitore di una richiesta fatta da un cliente, oppure il fraintendimento tra colleghi su come risolvere un dato problema, porta come minimo a un maggior tempo per produrre la stessa cosa, e nel peggiore dei casi alla perdita di fiducia da parte del cliente nei confronti del fornitore.

L'oggetto qui in esame è specificamente il fraintendimento linguistico in un ambiente di lavoro monoculturale, monolinguistico e in assenza di rumore. Spieghiamo queste specificazioni e il loro motivo:

Monoculturale: gli interlocutori appartengono alla stessa cultura[2] (in senso antropologico); serve a escludere i casi di fraintendimento dovuti ad appartenenze a culture molto diverse, come per esempio la cultura anglosassone e la cultura eschimese.

Monolinguistico: gli interlocutori parlano la stessa lingua madre e gli enunciati presi in esame sono proferiti in questa lingua.

Assenza di rumore[3]: non ci sono disturbi fisici per la trasmissione e ricezione del codice linguistico[4] tra gli

---

[2] Per cultura si intende qui quell'insieme di princìpi, quel «complesso delle manifestazioni della vita materiale, sociale e spirituale di un popolo o di un gruppo etnico» (Dizionario Devoto-Oli della Lingua Italiana 2005). La proposizione "appartenere a una cultura" ha chiaramente un carattere sfumato.

[3] Il termine "rumore", come sinonimo di "disturbo", è qui mutuato dalla Teoria dell'Informazione, dove viene usato per indicare «quel complesso di segnali indesiderati che interferiscono col segnale che interessa» (Longo 1980, 14).

[4] Parlare di 'trasmissione di codice' può riportare alla mente quella classe di posizioni filosofiche che prende il nome di "teoria del codice", la quale basa la possibilità di comunicazione sul codice linguistico condiviso dagli interlocutori in contrapposizione alla posizione "pragmatica" che privilegia

9

interlocutori, come per esempio potrebbe essere la musica ad alto volume in discoteca, il rumore dei macchinari in una fabbrica, la sordità di uno degli interlocutori, patologie fisiologiche di aree del cervello funzionali al linguaggio.

Lo scopo di queste delimitazioni è isolare il più possibile le cause del fraintendimento originate dal linguaggio (sintassi, semantica e pragmatica) dalle cause extralinguistiche (fisiologia, antropologia, fisica ecc.).

Perché, quindi, anche quando le condizioni sono ottimali per comprendersi, i fraintendimenti accadono egualmente?

1.2 *Il metodo*

Credo che per cercare le cause del fraintendimento non si possa prescindere dall'analisi di situazioni conversazionali, ovvero dagli usi del linguaggio; mi focalizzerò, per motivi di competenza e facilità nel procurarmi esempi, sulle lingue che più mi sono vicine, come sono ovviamente l'italiano e le altre lingue indoeuropee, pur convenendo che molti risultati si possano applicare a qualsiasi particolare forma di linguaggio naturale.

La scelta di privilegiare le lingue di cui ho diretta conoscenza è dovuta al fatto che «la concettualizzazione linguistica può variare radicalmente in lingue differenti in tutti gli aspetti della struttura linguistica» (Bazzanella 2005, 74), portando a una quasi generale accettazione, anche se in misura diversa, della *relatività linguistica*. Molti concetti linguistici sono quindi peculiari alla particolare lingua presa in esame,

---

invece l'aspetto inferenziale e cognitivo fortemente dipendente dal contesto (nel senso più lato del termine) (cfr. Talbot 1992, trad. it. 63-141 e Bianchi 2005). Però qui l'intenzione non è di sposare la prima tesi, ma solo affermare a) che il linguaggio è comunque un codice di qualche natura e b) che non sono interessato a fraintendimenti dovuti a difetti di trasmissione dei segni, ma a quelli che accadono nella fase interpretativa.

anche se comunque permangono un certo numero di *universali* linguistici (cfr. Bazzanella 2005, 75)[5].

Le conversazioni che prenderò in esame sono state tratte da situazioni esperite direttamente o durante la visione di programmi televisivi o al cinema, ma anche da testi di pragmatica del linguaggio. Le situazioni di fraintendimento che ho potuto direttamente sperimentare sono avvenute per la maggior parte nell'ambiente di lavoro, ovvero nel reparto di sviluppo software di una *web agency* di medie dimensioni. Questo ambiente, infatti, rappresenta bene le caratteristiche volute:

monoculturale: tutti condividono un background culturale e di istruzione assimilabile;

monolinguistico: tutti parlano l'italiano come madrelingua, tranne una persona, che per questo motivo è stata esclusa dal novero degli interlocutori di cui si sono estratte parti di conversazione;

assenza di rumore: le interazioni verbali avvengono o oralmente di persona nello stesso ambiente fisico (il che esclude possibili problemi di trasmissione come potrebbe invece avvenire in videoconferenza), oppure con comunicazioni testuali scritte attraverso messaggeria elettronica (*chat* o *e-mail*).

È bene notare che i nuovi mezzi di comunicazione introdotti dalle nuove tecnologie, per esempio *e-mail*, *chat*, *sms*, pur avendo la forma del testo scritto, hanno molte caratteristiche dell'interlocuzione orale, «come l'immediatezza, la scarsa pianificazione ecc.» (Bazzanella 2005, 41).

---

[5] Alcune lingue come l'hopi non usano riferimenti temporali, in Lapponia si usano 41 forme diverse per la neve, nella lingua navaho si usano sette verbi diversi per significare "mangiare", a seconda del tipo di cibo. I primitivi semantici come "io", "tu", "dire", "fare", "qui", "no", sono invece alla base degli universali linguistici (cfr. Bazzanella 2005, 74-75).

[...] ad una concezione dicotomica, che contrapponeva orale e scritto a volte accostando parallelamente la dicotomia del registro informale/formale (in altre parole lo scritto era considerato necessariamente formale ed il parlato necessariamente informale), è subentrata da tempo una concezione *scalare* e, recentemente, una concezione *prototopica.* (Bazzanella 2005, 41)

Aggiungerei a queste caratteristiche anche la frequente scarsa attenzione alla sintassi e all'ortografìa, specie quando si utilizza il mezzo più vicino all'interlocuzione orale, cioè la messaggeria istantanea (*chat*).

Distinguerei comunque tra il mezzo *chat* e quello dell'*e-mail*, evidenziando che la messaggeria elettronica ha nella sua essenza la contiguità temporale, cioè l'*interattività*, mentre per la posta elettronica l'elemento della vicinanza temporale dei messaggi-risposta, tale da assimilarli a dei turni di conversazione, è solo un suo possibile uso, ma non quello di elezione che resta essere la comunicazione *differita*. In presenza di messaggi di posta elettronica non ravvicinati nel tempo, aventi potenzialmente un alto grado di pianificazione e di possibilità di cancellazione, ci si avvicina maggiormente alla necessità di un'analisi testuale vera e propria (cfr. Bazzanella 2005, 212-214).

Il *corpus* di esempi qui trattato è sicuramente limitato per quantità, quindi da un punto di vista scientifico si potrebbe obiettare alla sua scarsa rappresentatività statistica. Nonostante ciò il suo valore si fonda sul fatto che per lo più non si tratta di esempi immaginati, la cui verosimiglianza con discorsi reali può essere opinata, ma di interazioni verbali *effettivamente* accadute: se un dialogo accade veramente, *ipso facto* non può essere accusato di essere inverosimile. In minor numero sono i dialoghi tratti da narrazioni televisive o cinematografiche: per essi il discorso è invece un po' diverso, in quanto prodotti da scrittori (gli sceneggiatori) che *tentano* di essere verosimili, ma il cui raggiungimento dell'obiettivo può essere oggetto di discussione.

2 Fraintendimenti e analisi linguistica

2.1 Il significato è l'uso?

Con Frege inizia una ricerca sistematica della forma logica del linguaggio, che proseguirà, tra gli altri, con Russell e il *Tractatus Logico-Philosophicus* di Wittgenstein. «Loro obiettivo era realizzare il sogno di Leibniz di una lingua universale, mettendo a punto uno strumento affidabile di comunicazione scientifica» (Bianchi 2003, 13). Si parla quindi di *filosofia del linguaggio ideale*, un linguaggio formale da contrapporre alle ambiguità e imperfezioni del linguaggio naturale (che si concretizza nelle varie lingue parlate dalle comunità umane).

Il linguaggio ideale formale è pensato per un uso descrittivo: lo studio della semantica, ovvero lo studio della relazione tra le espressioni linguistiche e gli oggetti del mondo, è centrale. Si presuppone un isomorfismo tra struttura sintattica e interpretazione semantica (cfr. Bianchi 2003, 123). In questa prospettiva del linguaggio ideale, non ci si limita a studiare la relazione (diretta o indiretta - cfr. Bazzanella 2005, 71) tra segni e riferimenti, ma anche la relazione dei segni tra loro (sintassi) e dei riferimenti tra loro.

Si può far risalire, almeno emblematicamente, alle *Ricerche Filosofiche* di Wittgenstein lo spostamento dell'attenzione della filosofia del linguaggio dall'analisi logica delle proposizioni, in cui si cercavano regole logiche formali che si riteneva stessero sottotraccia agli enunciati del linguaggio naturale, all'uso che si faceva del linguaggio: è la *filosofia del linguaggio ordinario*.

La filosofia del linguaggio ordinario si pone sul piano della lingua di ogni giorno e vuole mostrare che molti problemi filosofici sono problemi che riguardano l'uso della lingua. [...] Il 'mutamento di paradigma' (cfr. Kuhn 1962, trad. it.) che avviene in

14

generale con la filosofia del linguaggio ordinario è il passaggio dal linguaggio come *rappresentazione* al linguaggio come *azione* e *attività sociale*. (Bazzanella 2005, 112)

Per il Wittgenstein delle *Ricerche* (il cosiddetto "secondo Wittgenstein", per evidenziare il mutamento della sua posizione da quella iniziale del *Tractatus*) il linguaggio è uno strumento (cfr. Wittgenstein 1953, §569) utilizzato dai parlanti nei molteplici giochi linguistici, «il *parlare* un linguaggio fa parte di un'attività, o di una forma di vita» (Wittgenstein 1953, §23).

I giochi linguistici, così come i giochi nell'attività sociale, hanno regole di diverso tipo, e se si inizia ad analizzarle si capisce presto come sia difficile definire cosa sia una regola, contrariamente a quanto accade per le regole deterministiche della logica. Wittgenstein, attraverso il concetto di *somiglianze di famiglia*, cerca quindi di "mostrarci" cosa intende per regola dei giochi (cfr. Wittgenstein 1953, §65-§71).

Ciò portò a una *concezione pragmatica* (e non più prettamente semantica) del linguaggio, condivisa da altri filosofi come Austin, Waismann e Searle. Non è più l'enunciato (*sentence*) a rappresentare lo stato di cose, ma il proferimento (*utterance*) di un enunciato emesso da un parlante in un contesto d'uso (cfr. Bianchi 2003, 15)[6]. Austin evidenziò come certi

---

[6] Visto l'argomento del fraintendimento oggetto di questo libro, non posso esimermi dal notare come nella stessa letteratura di filosofia del linguaggio e di linguistica in generale, in italiano si usi il termine 'enunciato' sia per intendere il costrutto sintattico ben formato che prescinde dal parlante e dal suo utilizzo (in inglese viene utilizzato il termine 'sentence') sia per intendere il proferimento del costrutto, cioè uno specifico evento linguistico in un certo momento e in un certo luogo (in inglese si usa 'utterance').
Per esempio:
- *Enunciato (sentence)*: «Un enunciato è naturalmente un'entità grammaticale che non comporta alcun riferimento né alla persona che la

enunciati, nel momento del proferimento, fossero essi stessi azioni, "atti linguistici" (*speech acts*): «Scommetto con te un euro che riesco a mangiare 10 salsicce in 3 minuti» è un enunciato performativo, infatti la scommessa avviene nell'atto di dire queste parole, il proferimento *è* compiere l'azione di scommettere.

---

pronuncia né all'occasione in cui viene pronunciata» (Hikkita 1965, trad. it. 60).

* *Enunciato (utterance)*: «I filosofi del linguaggio ordinario distinguono invece tra "frase" ed "enunciato": non è la *frase*, in quanto unità grammaticale [...], ma il parlante che si serve della frase per dire qualcosa [...], per produrre [...] un *enunciato*» (Bianchi 2003, 15).

L'ultimo esempio qui sopra fa riferimento ad Austin 1950, 119: «A statement is made and its making is an historic event, the utterance by a certain speaker or writer of certain words (a sentence)», in cui egli chiama 'sentence' l'entità grammaticale e 'statement' il proferimento orale o scritto.

Se cerchiamo riferimenti in dizionari troviamo sotto la voce 'enunciato' sia definizioni che riconducono all'inglese 'utterance', come per esempio «in linguistica, combinazione (orale o scritta) di parole che formano un segmento reale di discorso, prodotta in un atto comunicativo» (Devoto-Oli 2004, 980), oppure definizioni che tengono conto dei suoi usi come «un'espressione linguistica di senso compiuto,che è vera o falsa. [...] Nell'uso logico 'enunciato' non sta per una singola emissione di voce (*utterance*) ma per una formula o schema ripetibile» (Abbagnano 1971, 307).

Notiamo che:

* Come si vede nella definizione di Abbagnano, e come ho fatto io stesso adesso, si è cercato nell'uso (*anche* nell'uso) i significati, i modi di impiego della parola 'enunciato'.
* L'uso diverso in italiano della stessa parola non accade invece nella lingua inglese, dove 'sentence' e 'utterance' sono ben distinte come significato.
* L'uso di 'enunciato' come proferimento di una frase è molto più raro dell'uso di 'enunciato' come elemento grammaticale.
* Spesso gli autori (o i traduttori italiani) sentono di dover specificare quello che intendono con il termine 'enunciato' nei loro testi, per evitare fraintendimenti.

16

In effetti la faccenda è un po' più complicata, e Austin si rese conto che il proferimento di un enunciato può avere componenti sia performative sia dichiarative (cioè la descrizione di uno stato di cose). Distinse pertanto tra *forza* e *contenuto* di un enunciato, e ipotizzò tre diversi tipi di *atto linguistico*, tre modalità di uso (cfr. Austin 1962, trad. it. 71-81) di un enunciato: locutorio, illocutorio e perlocutorio. L'atto *locutorio* è il proferimento del contenuto, «espressione ben formata sintatticamente e dotata di significato, oggetto di studio da parte di sintassi e semantica» (Bianchi 2003, 64). L'atto *illocutorio* esprime la forza con cui viene proferito l'enunciato, che influisce sul modo in cui deve essere interpretato dall'interlocutore, come per esempio ordine, richiesta, consiglio, promessa ecc. L'illocuzione è *convenzionale*, «basata cioè su mezzi stabiliti dalla lingua e dalla comunità per raggiungere determinati scopi» (Bazzanella 2005, 154). L'atto *perlocutorio* è quello che otteniamo con il proferimento, le conseguenze pratiche di esso (cfr. Austin 1962, trad. it. 82-89). Notiamo qui come «le conseguenze perlocutorie dei nostri atti illocutori sono del tutto non convenzionali, e dipendono dalle specifiche circostanze in cui l'atto viene compiuto» (Bianchi 2003, 65).

L'analisi dell'uso del linguaggio in Wittgenstein e Austin non comporta però lo sconfinamento nel mentalismo, anzi Wittgenstein nega esplicitamente di star trattando processi psicologici, pur ammettendone l'esistenza (cfr. Wittgenstein 1953, §305-§308), e lo stesso fa Austin:

> Voi direte: «[…] Perché non ci mettiamo direttamente a discutere la cosa in termini di linguistica e di psicologia in maniera chiara e semplice? Perché essere così tortuosi?». Ebbene, naturalmente sono d'accordo che questo si dovrà fare – però io dico *dopo*, non prima, l'aver guardato cosa si può tirar fuori dal linguaggio ordinario. (Austin 1962, trad. it. 91)

Con Grice la pragmatica prende le sembianze delle teorie psicologiche che si incentrano sulle intenzioni del parlante come perno del significato. Grice parla infatti di *significato del parlante* come di ciò che il parlante intende comunicare proferendo un certo enunciato.

> Grice pensa che il significato di un enunciato sia fondato nella mente, e propone di spiegarlo [...] nei termini degli stati psicologici dei singoli esseri umani. Non possiamo che pensare a questa come una riduzione del significato linguistico alla psicologia. (Lycan 2000, trad. it. 125)

È evidente il problema che sorge: questo significato del parlante ha qualche legame con un significato che possa essere condiviso da una comunità, cioè con il significato dell'enunciato stesso? Grice pensa ovviamente di sì, ma i tentativi di dimostrare una riduzione del significato dell'enunciato al significato del parlante non paiono convincenti ai più (cfr. Lycan 2000, trad. it. 126-127).

Lo studio della relazione tra i due significati, quello del parlante e quello dell'enunciato, ha comunque prodotto interessanti osservazioni e concetti collegati, come il *principio di cooperazione* e l'*implicatura conversazionale*.

▪ Il principio di cooperazione, contornato da *massime* specificative, prevede che il parlante contribuisca alla conversazione con pertinenza, chiarezza e solo con le informazioni utili allo scopo della conversazione in atto in quel momento. È stato giustamente notato come questo principio sia complementare al principio di carità di Quine e Davidson, che indica all'ascoltatore come interpretare i proferimenti del parlante (cfr. Penco 2004, 132 e Bianchi 2003, 75). Si fa quindi appello alla supposta razionalità degli interlocutori per collaborare alla mutua comprensione comunicativa.

▪ L'implicatura conversazionale rappresenta il contenuto implicito che un interlocutore può derivare quando qualche

18

massima del principio di cooperazione è violata dal parlante (cfr. Penco 2004, 135). Appare il ruolo centrale del "non detto"; sovente nelle nostre conversazioni è il significato non letterale di un enunciato che vogliamo comunicare (ironia, metafora, convenzioni sociali). La scelta interpretativa da parte del destinatario tra il significato letterale e quello non letterale di un proferimento è certamente spesso causa di fraintendimento.

Non si può negare che le intenzioni del parlante giochino un ruolo nella comprensione o nel fraintendimento di un enunciato proferito in una conversazione o scritto in un testo. «È essenziale infatti che l'intenzione del parlante sia riconosciuta dall'interlocutore: raggiungere lo stato di *conoscenza reciproca* di un'intenzione comunicativa è essere riusciti a comunicare» (Bazzanella 2005, 170-171). Ma prendere in considerazione le intenzioni del parlante è spesso ritenuto, come dicevo prima citando Lycan, uno sconfinamento nello psicologismo, e lo psicologismo in filosofia del linguaggio non gode di buona stampa, dalla condanna che ne fece Frege in poi.

Alcuni (cfr. Pietarinen 2005, 1771) pensano tuttavia che lo psicologismo attribuito a Grice sia una semplificazione del suo pensiero, dovuta anche ai suoi troppo zelanti seguaci. Secondo questo punto di vista Paul Grice ha fatto un uso assai limitato della terminologia psicologica nei suoi scritti, e l'intenzionalità del parlante poteva, nelle sue "intenzioni", essere affrontata con strumenti della logica.

Credo che si possa inquadrare il concetto di *intenzione del parlante* in un discorso che non ci costringa a fare ipotesi sul funzionamento della mente, a prescindere dalle effettive intenzioni di Grice a riguardo. Seguiamo a tal fine la falsariga del ragionamento di Wittgenstein nelle *Ricerche* (cfr. Wittgenstein 1953, §308): se consideriamo le intenzioni di un parlante quello che il parlante stesso può spiegare se interrogato a riguardo, ci possiamo evitare di preoccuparci dei processi mentali che sono occorsi, senza per questo negarli. Questo potrebbe essere visto come un gioco in cui io come ascoltatore posso essere addestrato a prendere in considerazione anche i significati non letterali nel decodificare il messaggio, ed è questo addestramento (cfr. Wittgenstein 1953, §157), questo uso a cui sono abituato nelle mie interazioni linguistiche quotidiane, a restringere enormemente il *range* di possibili interpretazioni che posso dare al proferimento del parlante.

Ad esempio, se un mio collega, durante una conversazione di lavoro, si rivolge a me proferendo l'enunciato:
(1) «Complimenti, sei stato proprio bravo»
io potrei attribuire al suo proferimento queste interpretazioni, a seconda delle seguenti possibili intenzioni del parlante:

Gruppo 1
- Letterale («sei stato bravo»)
- Sarcastica («hai combinato un disastro»)
- Scherzosa («era un compito facile, io lo so, tu lo sai»)

ma non penserei mai di interpretarlo come:

Gruppo 2
- «la tua auto è proprio brutta»
- «mi va di mangiare un panino»

Se io come ascoltatore avessi un dubbio sull'interpretazione da dare al proferimento (1), potrei chiedere al parlante di aiutarmi in questo, aspettandomi risposte del primo gruppo non in base alle mie conoscenze sulla sua psicologia o sulla psicologia degli uomini in generale, ma in base all'esperienza linguistica di conversazioni passate. Se il parlante mi dicesse che l'interpretazione giusta è una del secondo gruppo, la situazione si porrebbe al di fuori dei normali usi del linguaggio e allora sarebbe un sintomo forse di problemi psicologici, forse di appartenenza a gruppi linguistici differenti, che fanno un uso diverso del linguaggio.

Se ci capiamo è perché condividiamo tanto. Un linguaggio, certo. Ma anche l'ambiente fisico in cui hanno luogo i nostri scambi comunicativi, gli scambi precedenti e l'appartenenza a una stessa comunità, o a uno stesso gruppo. In altre parole, le nostre intenzioni comunicative hanno limiti forniti dalle aspettative che possiamo ragionevolmente intrattenere sulla capacità dei nostri interlocutori di riconoscerle in base alle nostre parole, i nostri gesti e il contesto. Il ruolo del contesto è allora proprio quello di restringere le possibilità comunicative di un messaggio, cioè in sostanza quello di *ridurre i rischi* della comunicazione. (Bianchi 2005, 50)

In questo modo possiamo ricondurre le intenzioni del parlante all'uso del linguaggio.

Le massime di Grice e l'implicatura conversazionale in fondo sembrano proprio regole di un gioco linguistico, in cui se il parlante dice "lastra" l'interlocutore capisce che deve portare una lastra (interpretazione letterale) oppure portare un mattone (il non detto), e sceglie (ma non è detto che sia sempre in grado di farlo) in base ad altri elementi contestuali (cfr. Wittgenstein 1953, §2). Però l'interlocutore che sente "lastra" non interpreterà mai il proferimento come l'invito da andare a casa a mangiare, perché questa interpretazione non è compatibile con il gioco linguistico in atto, o per dirla altrimenti, con il contesto (linguistico, di credenza, ambientale – cfr. Perry 2002).

Il fraintendimento del linguaggio naturale era una delle cose che volevano evitare i filosofi del linguaggio ideale. Una "visione pragmatica" del linguaggio ha indotto in un secondo tempo molti a iniziare a studiare con attenzione l'uso del linguaggio ordinario, ammettendo che quel tipo di linguaggio è in fondo quello che gli esseri umani usano e che bisogna approfondirne i limiti e le potenzialità. Pertanto, i giochi linguistici di Wittgenstein e l'addestramento a essi, la forza illocutoria di Austin e il principio di cooperazione e l'implicatura di Grice, mi sembrano dei buoni punti di ancoraggio per esplorare la definizione e le cause del fraintendimento.

2.2 Definizione di fraintendimento

Cerco di chiarire che differenza di significato attribuisco qui ai termini 'fraintendimento', 'incomprensione' e 'non comprensione', o meglio, cerco di mostrare che uso farò di questi termini.

Seguo la linea esposta da Hirst e McRoy per distinguere tra *misunderstanding* e *not understanding* (cfr. Hirst et al. 1994, 1-2), dove con 'non comprensione' (*not understanding*) si intende il fallimento da parte di un interlocutore nel trovare una qualsiasi interpretazione completa di un proferimento di cui è il destinatario. Questo può accadere sia quando il destinatario non trova nessuna interpretazione soddisfacente del proferimento sia quando non riesce a scegliere tra più possibili interpretazioni. Aspetto essenziale della 'non comprensione' è che il destinatario si rende immediatamente conto che non ha compreso il significato dell'enunciato, ovvero che la comunicazione è fallita.

Con 'fraintendimento' (*misunderstanding*) invece intendo quella situazione in cui il destinatario di un proferimento è convinto di averne un'interpretazione corretta, diversa però da quella che il parlante voleva evocare, cioè dalle sue *intenzioni comunicative*.

Infine, chiamo 'incomprensione' (vedi fig. 1) una qualsiasi situazione in cui il destinatario non trova l'interpretazione corretta del proferimento, che ne sia consapevole oppure no.

Il fraintendimento può essere quindi visto come una sottoclasse dell'incomprensione, cioè è un'incomprensione di cui il destinatario dell'enunciato non ha immediata coscienza. Analogamente anche la non comprensione è una sottoclasse dell'incomprensione, ma in questo caso il destinatario è consapevole.

22

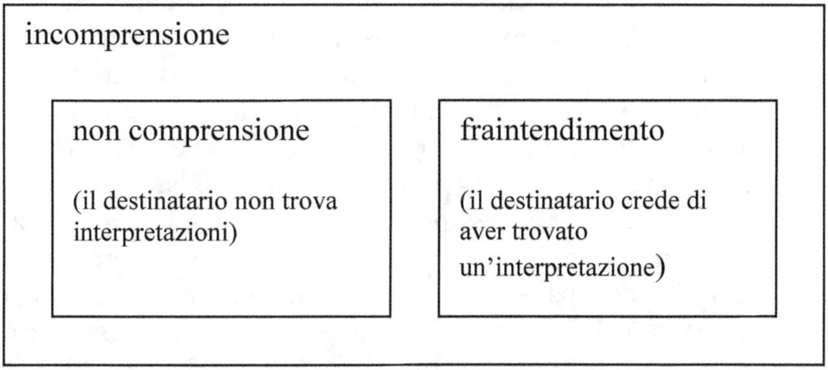

```
┌─────────────────────────────────────────────────────────────┐
│ incomprensione                                              │
│                                                             │
│ ┌─────────────────────────┐   ┌─────────────────────────┐  │
│ │ non comprensione        │   │ fraintendimento         │  │
│ │                         │   │                         │  │
│ │ (il destinatario non trova │ │ (il destinatario crede di │ │
│ │ interpretazioni)        │   │ aver trovato            │  │
│ │                         │   │ un'interpretazione)     │  │
│ └─────────────────────────┘   └─────────────────────────┘  │
└─────────────────────────────────────────────────────────────┘
```

Figura 1

Ho detto che in un fraintendimento il destinatario non ha coscienza *immediata* dell'incomprensione e voglio qui sottolineare l'importanza dell'immediatezza per distinguere tra un fraintendimento e una non comprensione. Il fattore temporale è infatti cruciale, perché anche se in un secondo tempo il destinatario potrebbe rendersi conto di non aver compreso correttamente un enunciato, ormai l'evento di tipo 'fraintendimento' è accaduto, è un fatto *storico*. Se invece il destinatario capisce subito di non riuscire a trovare un'interpretazione soddisfacente al proferimento, non avviene nessun fraintendimento. Il fraintendimento presuppone quindi che da parte del destinatario non si sia iniziata una negoziazione con il parlante, basata su richieste di chiarimento, subito dopo il turno in cui è avvenuto il potenziale fraintendimento. Il destinatario crede quindi nella *compiutezza* del turno di conversazione (cfr. Bazzanella et al. 1997, 373).

A riprova di ciò si può osservare l'uso che si fa del lemma 'fraintendere' in italiano: nessun destinatario (con un grado di competenza sufficiente) risponderebbe a un parlante che ha appena proferito un enunciato di cui non afferra il significato: «Scusa ti ho frainteso, puoi spiegarmi meglio?» Piuttosto direbbe: «Scusa non ho capito bene, puoi spiegarmi meglio?» Se

23

al contrario l'enunciato fosse stato proferito qualche turno prima o in qualche conversazione passata allora sarebbe ben probabile che il destinatario dicesse «Scusa ma ti avevo frainteso» (ma potrebbe anche legittimamente proferire «Scusa, non avevo capito»). In sostanza il verbo 'fraintendere' non può essere correttamente usato alla prima persona singolare in modalità che esprima l'azione al tempo presente, a prescindere ovviamente dal tempo grammaticale usato nell'espressione, perché in questo caso il destinatario del proferimento avrebbe immediata coscienza del fraintendimento, mentre invece è possibile che un terzo ascoltatore della conversazione (cfr. Bianchi 2005, 65-66, per accenni sui tipi di ascoltatori) tra i due interlocutori A. e B. dica «A. fraintende B.».

Il fraintendimento può essere non rilevato, rilevato dal destinatario stesso oppure rilevato dal suo interlocutore: vedremo in seguito il legame che questo ha con le strategie di prevenzione e riparazione (*repair*).

2.3 Comunicazione e linguaggio

Ho detto sopra che il campo di ricerca di questo libro è l'aspetto comunicativo del linguaggio usato nell'ambiente di lavoro. Credo sia utile definire meglio cosa intendo con "comunicazione", termine che potrebbe essere usato (ineccepibilmente) in senso più o meno ampio in contesti diversi, e che relazione ci sia tra comunicazione e linguaggio.

La radice *communis* del termine 'comunicazione' evoca un'azione in cui qualcosa viene messo in qualche modo in comune tra due o più soggetti. Diciamo che due stanze comunicano perché hanno una porta in comune, due ampolle comunicano perché hanno un condotto in comune, un insieme di città comunica perché esistono strade in comune, gli uomini comunicano oralmente perché hanno voce e udito che permette loro di condividere suoni. In effetti è più corretto dire che questi soggetti hanno la potenzialità per comunicare in ragione del fatto che esistono dei "canali" che li uniscono: due ampolle collegate con un condotto, se sono vuote non comunicheranno nulla, ma, quando una di esse è riempita con del liquido, a un certo punto avverrà un passaggio del liquido nell'altra, ed è il liquido ciò che viene messo in comune tra loro. Due città possono mettere in comune delle derrate alimentari se sulla strada che le unisce (il canale) vengono fatti viaggiare i carri (il mezzo) che trasportano le derrate.

Oggigiorno quando si parla *tout court* di comunicazione, si intende molto spesso la comunicazione tra esseri umani di concetti, di informazione, di emozioni, e difatti in un dizionario della lingua italiana il lemma 'comunicazione' ha come significato, nella sua prima accezione più generica, «partecipazione, trasmissione di idee, di pensieri» (cfr. Devoto-Oli 2004); d'altro canto nel parlare quotidiano il verbo 'comunicare' è applicato anche in situazioni in cui si vuole indicare una relazione tra oggetti invece che tra esseri animati (cfr. Devoto-Oli 2004, lemma 'comunicare'). Quando, come accade nella semiologia, l'oggetto di studio sono i segni prodotti intenzionalmente, il termine 'comunicazione' si applica però propriamente esclusivamente agli esseri viventi. Per i semiologi, per esempio, «la comunicazione si realizza dunque solo a partire dall'attribuzione a un attore sociale di un segno, cioè, in presenza di un fatto materiale, di un *significante*, che viene interpretato come portatore *intenzionale* di un *significato*» (Volli 2005, 72); quindi è escluso l'uso del termine per soggetti inanimati, e quello che "viene messo in comune" non può essere qualcosa di materiale, come per esempio un liquido per i vasi comunicanti, ma deve avere una «*produzione di effetti di senso* (informazione, compartecipazione di valori, determinazione di comportamenti ecc.)» (Volli 2005, 72). Da questo punto di vista specialistico l'uso del lessema 'comunicare' applicato a oggetti sarebbe un uso figurato. È evidente comunque che nelle situazioni conversazionali quotidiane si parli legittimamente di comunicazione sia che si tratti di esseri viventi (comunicazione significante, quella di cui mi occupo qui), sia che si tratti di entità inanimate (connessione materiale), essendo il contesto a indicare il tipo.

Il sistema della comunicazione tra soggetti animati mantiene comunque gli attributi di base che abbiamo visto nei sistemi inanimati degli esempi citati sopra, per prima cosa il fatto di dover contemplare almeno due componenti (mittente e destinatario); infatti non si può usare (perlomeno non sono a conoscenza di nessun "gioco linguistico" in cui si faccia questo) il verbo 'comunicare' in presenza di un solo soggetto, perché la comunicazione ne implica almeno due con un canale che li unisce, mentre per altre azioni, come potrebbe essere per esempio 'frustare', non è strettamente necessaria la presenza di altri soggetti oltre l'attore (colui che compie l'azione), dato che ci si può immaginare la situazione in cui qualcuno si frusta da solo (magari per una sorta di penitenza religiosa)[7].

Uno degli schemi classificatori più noti della comunicazione linguistica è quello di Roman Jakobson (cfr. Bazzanella 2005, 12-15), che riadatta la teoria classica della comunicazione di informazione di Shannon e Weaver (cfr. Longo 1980, 13-54).

---

[7] Mi è stato giustamente fatto notare che questo è vero se si considera un unico tempo, mentre se la comunicazione avesse carattere differito, come per esempio succede quando ci si appunta un promemoria, ci si troverebbe nella situazione in cui il mio "io" di oggi comunica con l' "io" di domani. Per approfondire questo caso bisognerebbe però trattare il concetto di identità nel tempo per gli esseri viventi.

26

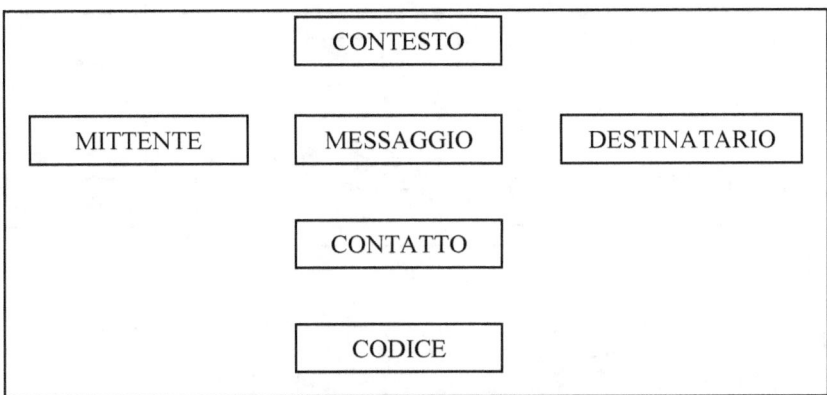

Figura 2 - Schema di Jakobson della comunicazione

Alla triade *mittente-messaggio-destinatario*, si affiancano altri tre elementi: codice, contatto e contesto. Il *codice* è il linguaggio, o meglio la specifica lingua utilizzata per la comunicazione del messaggio, «la regola che lega significante e significato» (Volli 2005, 73); il *contatto* è il canale fisico per cui passa il messaggio, che può essere l'aria che trasmette le onde sonore della voce, l'infrastruttura del sistema telefonico, il sistema postale, la rete internet ecc.; il *contesto* «la realtà cui il segno eventualmente si riferisce» (Volli 2005, 73).

A ciascuno di questi sei elementi della comunicazione Jakobson ha poi collegato una funzione, in base all'oggetto di interesse *prevalente* della comunicazione (in una frase sono in genere presenti un *mix* di tutte queste funzioni in misura variabile).

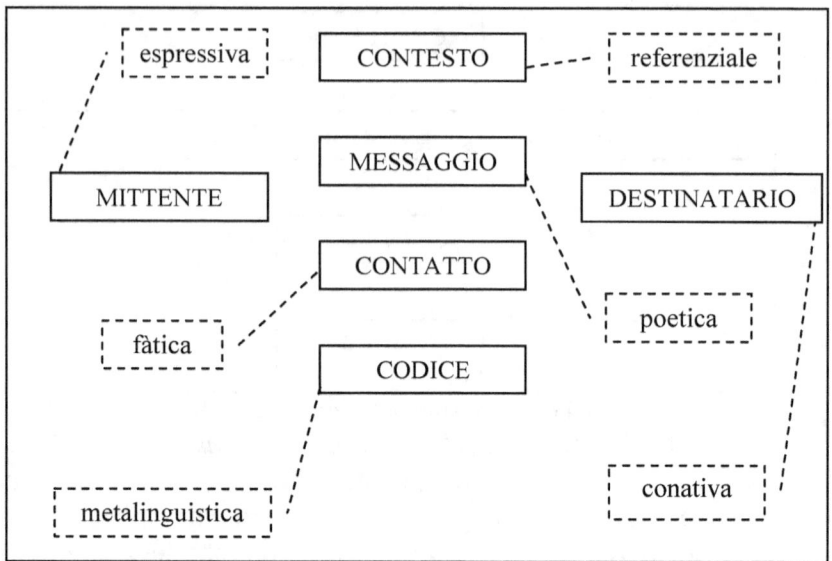

Figura 3 - Le funzioni comunicative per Jakobson (Jakobson 1963, 185-186)

- Referenziale: la comunicazione parla di oggetti e fatti del mondo esterno, ovvero del *contesto*, dà informazioni sulle cose. Esempio: "il mio gatto ha un'aritmia cardiaca".

- Espressiva: il *mittente* vuole esprimere il proprio stato d'animo e i suoi punti di vista sulle cose. Esempio: "il mio povero e amato gatto ha una malattia cronica e questo mi rende triste".

- Poetica: è il *messaggio* in sé a essere centrale, attraverso la struttura particolare in cui i segni di cui è composto sono scelti e assemblati, come succede nella poesia e negli slogan pubblicitari, alla ricerca di un effetto spesso armonioso, ma a volte volutamente cacofonico[8]. Esempio: "il ratto gatto ha preso un ratto. Che matto!".

---

[8] Credo che la prosa del libro *Finnegans Wake* di James Joyce possa essere emblematica dell'importanza che può assumere la costruzione (non

28

- Conativa: con la comunicazione si vuole indurre il *destinatario* a fare qualche cosa, oppure a crearsi opinioni, ovvero si vuole influire sui suoi comportamenti e pensieri. Esempio: "leggi questo libro e fammi un riassunto, per piacere".
- Fàtica: l'oggetto dell'enunciato è il *contatto*, in genere per verificarne l'efficienza e lo stato del canale di comunicazione. Esempio: "Mi senti?".
- Metalinguistica: l'interesse della comunicazione si incentra sul *codice* stesso, tipicamente nelle situazioni di studio di una lingua (o del linguaggio) o di non comprensione. Esempio: "La parola 'ratto' significa sia 'veloce' che 'grosso topo'".

Ora, come succede in genere per le schematizzazioni, anche questa ha i suoi limiti, e ci sono infatti casi di comunicazione che non riesce a inquadrare: «ciò di cui si sente la mancanza [...] è proprio l'attenzione alla relazione interlocutiva come momento di co-produzione e di messa in comune del senso» (Di Biase 2008, 32). Soprattutto la visione del linguaggio come "codice" è discutibile, visto che la parola 'codice' tipicamente evoca (ma non implica necessariamente) un'assegnazione piuttosto precisa, oserei dire deterministica e

---

necessariamente percepita come armonica) del messaggio-testo rispetto al suo contenuto semantico:

> What clashes here of wills gen wonts, oystrygods gaggin fishygods! Brékkek Kékkek Kékkek Kékkek! Kóax Kóax Kóax! Ualu Ualu Ualu! Quáouauh! Where the Baddelaries partisans are still out to mathmaster Malachus Micgranes and the Verdons catapelting the camibalistics out of the Whoyteboyce of Hoodie Head. Assiegates and boomeringstroms. Sod's brood, be me fear! Sanglorians, save!
> Arms
> apeal with larms, appalling. Killykillkilly: a toll, a toll. (Joyce 1939, 4)

calcolabile, tra segno e significato (quindi una semantica non ambigua), cosa che secondo le teorie del linguaggio di stampo pragmatico solitamente non avviene (cfr. anche Taylor 1992, 138-141):

> Le concezioni pragmatiche della comunicazione più recenti e interessanti si oppongono al modello del codice – proprio in quanto esso non tiene in considerazione lo status del ricevente e misconosce il ruolo dell'informazione condivisa, presupponendo in sostanza un tipo di comunicazione neutro fra chi parla e chi ascolta. (Bianchi 2005, 64)

Malgrado i suoi limiti, questa schematizzazione ci aiuta a inquadrare meglio il rapporto stretto tra linguaggio e comunicazione.

Dopo il linguista Jakobson, consideriamo il filosofo Paul Grice, che si relaziona con la comunicazione sottolineando in essa il ruolo dell'intenzionalità: per lui

> i segni e il linguaggio sono lo strumento che esseri umani e razionali usano intenzionalmente per produrre credenze e azioni in altri esseri umani dotati di razionalità. La comunicazione è quindi per Grice essenzialmente la produzione *intenzionale, razionale e trasparente* da parte di un emittente di credenze e azioni in un destinatario. (Cosenza 1997, 12, in Bazzanella 2005, 170, nota)

E Grice stesso, parlando dell'osservanza del Principio di Cooperazione:

> I would like to be able to show that observance of the Cooperative Principle and maxims is reasonable (rational) along the following lines: that anyone who cares about the goals that are central to conversation/communication (such as giving and receiving information, influencing and being

influenced by others) must be expected to have an interest, given suitable circumstances, in participation in talk exchanges that will be profitable only on the assumption that they are conducted in general accordance with the Cooperative Principle and maxims. (Grice 1989, 29-30)

A prescindere dalle discussioni sula natura *psicologistica* della teoria del significato di Grice (cfr. Lycan 2000, 124-128), in quanto basata sul *significato del parlante*, osserviamo che l'immagine che egli ci dà della parola 'comunicazione' è quella abitualmente usata nella sua accezione sociale odierna, e in genere nelle situazioni in cui si parla di interazione tra esseri umani. Si ritrova ancora inoltre l'idea della comunicazione concepita «non come processo di codifica e decodifica di messaggi, ma come un processo di *collaborazione*: la coordinazione fra interlocutori è l'elemento centrale per la comprensione» (Bianchi 2005, 64).

Questo rapporto tra linguaggio e comunicazione non implica però che il linguaggio debba essere studiato e analizzato solo come elemento del processo comunicativo umano; infatti, la filosofia del linguaggio "classica" è stata, ed è in gran parte tuttora, centrata sul rapporto tra il segno e il significato, tra il linguaggio e il mondo (come è in grado di rappresentarlo?), tra il linguaggio e le nostre idee (come assegniamo significati?), insomma sulla semantica. Il punto di vista che viene genericamente chiamato "pragmatico" ha allargato l'orizzonte passando dall'analisi puramente semantica (connessione tra forma sintattica e significato) allo studio dell'uso del linguaggio nel processo comunicativo[9]; in tal modo esso ha affiancato al

---

[9] In linguistica nacque una corrente di pensiero, il *funzionalismo*, che, influenzata anche da filosofi come Wittgenstein e Austin, dava più importanza all'uso del linguaggio che alla sua forma, e che annovera nomi

linguaggio altri elementi che prima erano esclusi o marginali, e ha dato un ruolo dialogico a quello che in uno studio prettamente semantico del linguaggio era il proferente, chiamandolo mittente, il che implica logicamente l'esistenza di un destinatario.

Uno degli elementi che nell'analisi di impronta semantica era marginale, per esempio, e che è invece presente nella pragmatica, è il contesto, inteso come contesto di proferimento *esteso*, ovvero qualcosa che comprende anche il contesto extra-linguistico. Il contesto esteso è quindi l'insieme di credenze e circostanze ambientali in cui avviene il proferimento (vedi sotto), e amplia il raggio d'azione del contesto *stretto*, ovvero quello strettamente legato al contesto frasale (in qualche modo riconducibile al *co-testo* della linguistica). Il contesto stretto era invece d'importanza cruciale per la filosofia del linguaggio "classica" di impronta semantica, prova ne sia che il terzo dei tre principi metodologici fondamentali che Frege aveva presentato nei suoi *Fondamenti dell'aritmetica* è «non considerare il significato delle parole in isolamento, ma solo nel contesto di un enunciato» (Penco 2004, 144). Partendo da Frege, sul contesto «Wittgenstein fa degli importanti distinguo: e, infatti, l'interpretazione del principio [del contesto] che troviamo nelle *Osservazioni filosofiche* si discosta [dalle idee di Frege] in modo significativo» (Picardi 2002, 17). Ivi «il "contesto" [...] viene caratterizzato mediante la nozione di "gioco linguistico", ossia "il tutto costituito dal linguaggio e dalle attività con le quali è intessuto" (RF, §7)» (Picardi 2002, 20), includendo quindi concetti extra-linguistici nel contesto da considerare. Proprio per chiarire questa ambiguità della parola 'pragmatica', Cresswell

---

come Jakobson, Martinet e Givòn tra i suoi esponenti. «Nel paradigma funzionale [...] il linguaggio è prima di tutto uno strumento di interazione sociale tra individui, le altre funzioni sono secondarie» (Bazzanella 2005, 105).

utilizzò le diciture "pragmatica semantica" e "pragmatica pragmatica", al fine di differenziare tra l'area di studio che si occupa del contesto testuale e quella che si occupa del contesto extra-linguistico (cfr. Lycan 2000, 204-207).

La semantica non è ovviamente esclusa dal processo comunicativo, infatti ne è parte "fondante" perché l'interpretazione negli atti linguistici comunicativi pratici si basa sui valori semantici delle espressioni, anche se è possibile una visione limite, come quella che potrebbe evincersi dal Wittgenstein delle *Ricerche*, per cui «la "semantica" è completamente erronea, oppure collassa nella pragmatica» (Lycan 2000, 205).

Siccome il fraintendimento è un evento linguistico in cui la funzione comunicativa non ha avuto buon fine, ha senso affrontarlo e studiarlo nell'ottica della pragmatica, intesa come quella disciplina che «si occupa di come un parlante si serva degli apparati combinatorio (sintassi) e interpretativo (semantica) in una particolare situazione comunicativa» (Bianchi, 2003, 7). Da ciò si deduce che i fenomeni di fraintendimento hanno potenzialmente radici anche nella sintassi e nella semantica, sia che si pensi che ci sia una distinzione netta tra sintassi, semantica e pragmatica, sia che si pensi che queste tre aree, in cui è tradizionalmente diviso lo studio del linguaggio, siano inestricabilmente collegate.

3   Casi e tipi di fraintendimento

3.1   Notazione

Nell'analisi delle conversazioni utilizzo una notazione semplificata[10] che ha questa forma:

<turno>. <parlante> <azione comunicativa: scrive o dice>: *<proferimento in corsivo>* (= "<eventuale spiegazione del proferimento in base a contesto e credenze condivise>")

Il <proferimento> a sua volta può contenere parti tra parentesi quadre che esplicitano implicature o riferimenti al contesto non detti (o scritti) ma che mi sono utili per poter analizzare il proferimento.

Esempi:

1) 2. P. scrive: puoi inviarmi il documento dell'unno? (= "cliente tedesco di cui si è parlato ieri")

2) 5. A. dice: non credo di poterlo fare

3) 3. X dice: *lo sai che [il cliente] non vuole questo!*

3.2   Doppia negazione

Riporto una conversazione avvenuta usando la *chat* interna di un'azienda tra un gestore di progetto (P.) che cerca di organizzare l'assegnazione delle risorse lavorative (ovvero i programmatori) alle sottoattività di progetto, e un programmatore (A.).

1. P. scrive: *come sei messo a carichi di lavoro?*
2. A. scrive: *niente che non possa abbandonare al suo destino*
3. P. scrive: *allora obero il buon M.* (= "scelgo un'altra persona per questa attività")
4. A. scrive: *hai letto bene la mia risposta?*
5. A. scrive: *"niente che non possa abbandonare al suo destino"*

---

[10] Vedere Bazzanella 2005, 198-206 per metodi di trascrizione più strutturati.

6. P. scrive: *scusa*
7. A. scrive: *cosa hai capito?*
8. P. scrive: *niente che POSSA abbandonare..*
9. *P.* scrive: *ho perso il non*
10. A. scrive: *certo, una quisquilia*
11. P. scrive: *il mio cervello non tollera più di una negazione a frase.... niente, non.... troppa carne al fuoco*

Il proferimento di A. al turno (2) è stato frainteso da P. e questo A. lo evince *con sicurezza* dalla risposta di P. in (3), in quanto essa non può in nessun modo rientrare tra quelle che A. poteva aspettarsi. A. infatti è ragionevolmente convinto che P. stia seguendo il principio di cooperazione di Grice, inoltre conosce le mansioni in azienda di P., e quindi da (1) inferisce che la domanda gli sia posta da P. per avere informazioni per decidere la pianificazione delle attività, non considerando invece pertinenti alla conversazione ipotesi come

- P. vuole sapere se A. sta lavorando troppo per consigliargli una massaggiatrice shiatsu per rilassarlo dopo il lavoro
- P. fa una domanda di rito, ma solo come apertura di una conversazione su altri argomenti e non è interessato veramente alla risposta (tipo "ciao come stai?").

L'esperienza di A. sull'uso in azienda di enunciati riguardanti i carichi di lavoro come inizio di una conversazione, lo porta a pensare che, se non specificato diversamente nell'*incipit*, la conversazione verte proprio sul particolare argomento lavorativo (la gestione delle attività). Se P. avesse voluto derogare a questo uso probabilmente avrebbe iniziato la conversazione con qualcosa di interlocutorio come "Volevo chiederti una cosa...intanto come sei messo a carichi di lavoro?". In questo caso, inoltre, la stessa risposta (3) di P. rafforza in A. la convinzione che l'argomento della conversazione sia proprio l'assegnazione dei carichi di lavoro.

A. risponde in maniera che può sembrare non rispettare la massima griceana di quantità, ovvero di non dare più informazioni del necessario, infatti, enunciati come "sono scarico" o "sono mediamente impegnato" o anche "sono pieno fino al collo", potrebbero essere usati rispettandola. In effetti A. si mostra cooperativo (anche se con stile invero un po' circonvoluto), fornendo l'informazione "ho abbastanza attività da fare, ma non sono urgenti e potrei posporle per altre più importanti", informazione di cui P., che conosce i particolari delle attività che sta cercando di affibbiare a qualcuno, può giovarsi. Le conoscenze condivise, l'abitudine a conversazioni di questo tipo (addestramento ai giochi linguistici della propria azienda), hanno fin qui, cioè fino al turno (2), evitato il fraintendimento.

Il motivo per cui P. fraintende il proferimento (2) di A. si scopre essere una svista, ovvero una parte seppur piccola dell'enunciato viene non considerata nell'interpretazione, così

2. A. scrive: *niente che non possa abbandonare al suo destino*

diventa

2a. A. scrive: *niente che possa abbandonare al suo destino*

ribaltando il contenuto informativo dell'enunciato. Qui non c'è stata presenza di quello che precedentemente avevo indicato come "rumore", perché il codice è arrivato intatto agli organi sensoriali del destinatario, cioè il testo non ha subito modifiche da quando è stato scritto dal mittente a quando è stato letto dal destinatario.

Una causa del fraintendimento è da ricercarsi nella struttura sintattica dell'enunciato, come emerge anche dalle considerazioni esplicite di P., e non tanto per la presenza della doppia negazione in sé, ma per il suo uso, infatti nelle conversazioni quotidiane in italiano è abituale sentire frasi come "non voglio niente" o "non c'era nessuno", che difficilmente possono dare problemi di interpretazione, anche a seguito di ipotetiche elisioni del "non" da parte del destinatario. L'uso abituale colloquiale della doppia negazione in italiano è quello di *rafforzativo*, questo è un dato di fatto che mostra come sia difficile raffrontare le frasi della lingua parlata con una qualche forma logica. Oggigiorno è invece inusuale l'utilizzo di una doppia negazione non come rafforzativo, ma come figura retorica il cui risultato è un'affermazione[11], specie in un contesto conversazionale come quello di una sessione di *chat* tra colleghi, dove si prediligono frasi corte e prive di qualsiasi orpello, alla stessa maniera di come accadrebbe di persona. È quindi ragionevole aspettarsi che se, a un mio amico che mi ferma per strada e mi chiede un favore, io rispondo dicendo "non c'è niente che io non possa fare per te", egli rimanga seccato, nonostante le mie buone intenzioni! Il mio proferimento è sintatticamente corretto per esprimere il significato "farò qualsiasi cosa per te", però la forma è più complicata del necessario. Ovviamente la probabilità o meno di essere compresi dipende dalle capacità linguistiche del destinatario del messaggio (un interlocutore con elevate abilità linguistiche – e logiche – non avrà nessun problema in questi casi), ma è innegabile che una sintassi dell'enunciato più complicata, seppur corretta, porti a un maggior sforzo interpretativo da parte del destinatario, e quindi a un aumento della possibilità di fraintendimento, specie nelle conversazioni orali.

---

[11] Una doppia negazione non usata come rafforzativo non porta necessariamente all'annullamento delle negazioni, in particolare, non lo fa nei contesti in cui non vale il terzo escluso, e in cui dunque la frase due volte negata significa qualcosa di diverso sia dalla frase non negata sia da quella negata una volta sola: "non ho detto che non voglio lavorare" non è infatti usato nelle stesse circostanze di "ho detto che voglio lavorare".

La responsabilità è quindi in parte di A. che ha reso più complicata la sua risposta, la quale poteva invece essere molto più semplice e diretta, per esempio:

    2b. A. scrive: *[sto facendo] solo cose che posso abbandonare al loro destino*

oppure

    2c. A. scrive: *[sto facendo] solo cose che posso tranquillamente abbandonare al loro destino*

La doppia negazione, usata come forma retorica per affermare, è addirittura oggetto di una "Guida alla redazione dei testi normativi" (cfr. Presidenza Del Consiglio Dei Ministri, 2001), dove si è esortati appunto a evitarla, al fine di rendere i testi più chiari.

Se è vero che in questo caso il proferente avrebbe potuto anche scegliere un'altra forma per il suo enunciato, riducendo il rischio di fraintendimento, non bisogna però dimenticare che il suo interlocutore P. è considerato dai partecipanti al gioco linguistico aziendale perfettamente in grado di interpretare questo genere di modalità espressive.

Il proferimento al turno (3) di P. ("allora obero il buon M.") ha permesso ad A. di rilevare il fraintendimento avvenuto al turno (2) da parte di P., attraverso un'implicatura conversazionale che tiene conto delle intenzioni (probabili) di P. nel proferire (1) e (3):

- dal contesto ambientale e dalle conoscenze condivise tra gli interlocutori A. sa che P. ha come mansione di equilibrare i carichi di lavoro dei programmatori, per cui con (1) P. chiede in sostanza se A. ha tempo per delle attività che vuole affidargli;
- dalle sue credenze personali A. sa che P. *abitualmente* svolge con coscienza il proprio compito, non è soggetto a sbalzi di umore e non usa battute di spirito paradossali a ogni piè sospinto;

38

- dal contesto conversazionale (*co-testo*), cioè dalle precedenti parti del discorso, A. non vede nessun elemento che sia un indizio per una lettura particolare di (3);
- dal contesto conversazionale, A. si aspetta che, dopo aver comunicato la sua disponibilità., P. gli assegni il compito per cui cercava un esecutore[12];
- dal contesto conversazionale "esteso" (*paratesto*) A. non vede la presenza di altri segni (non testuali, come per esempio le "emoticon" spesso utilizzate nelle *chat* e nei messaggi di posta elettronica) a contorno del testo vero e proprio che siano un indizio per una lettura particolare di (3);

In conseguenza dei precedenti punti, la risposta (3) di P. è inaspettata e imprevista (vedi più avanti par. 5.4) per A., che quindi ha il dubbio che P. lo abbia frainteso e dal turno (4) in poi inizia un'opera di verifica che può concludersi con un riconoscimento condiviso del fraintendimento di (2) da parte di P. e la sua correzione, oppure viceversa con il riconoscimento del fraintendimento di (3) da parte di A. e la sua correzione.

È importante notare che il proferimento al turno (3) di P. poteva anche essere diverso, per esempio un laconico "ok", il che avrebbe difficilmente portato all'individuazione del fraintendimento. Si potrebbe attribuire alla casualità l'aver avuto da P. un enunciato più "ricco" del minimo indispensabile per terminare la conversazione, ma io credo piuttosto che altri fattori siano intervenuti, *in primis* la consapevolezza degli interlocutori che i fraintendimenti accadono e che, in un contesto come quello di interscambio di informazioni operative in un ambiente di lavoro, è necessario elevare la soglia di comprensione reciproca

---

[12] È infatti la forma usata per la richiesta di qualcosa, per esempio:
«Hai una sigaretta?»
«Sì, credo di averne…»
«Me ne dai una?» (e non «Allora la chiedo a qualcun altro»)

con delle "mosse" (per dirla alla Wittgenstein) di controllo (cfr. Taylor 1992, trad. it. 266-268).

Gli interlocutori competenti quindi non solo cercano di ridurre al minimo i fraintendimenti nelle loro conversazioni, ma mettono in essere strategie affinché il maggior numero di fraintendimenti, che inevitabilmente accadono, sia comunque individuato e corretto.

3.3 Precisione rispetto al contesto

Nel successivo scambio di *e-mail* è importante considerare il contesto di proferimento, in questo caso le conoscenze condivise tra gli interlocutori, i quali sanno che:

1) nelle pagine web un colore si definisce precisamente utilizzando il *modello RGB*, ovvero con una tripletta di numeri da 0 a 255 che rappresenta l'intensità dei tre colori primari rosso, verde e blu, che sommati compongono il colore che si vuole ottenere (per esempio 127-127-127 rappresenta un grigio medio, 255-255-0 il giallo intenso, 0-0-0 il nero);

2) nello stesso sito ci possono essere più sfumature dello stesso colore principale (es. del giallo),

3) ogni colore è in genere associato a una sua funzione comunicativa, e questa associazione è auspicabile che rimanga coerente in tutte le pagine del sito web, per facilitare la navigazione agli utenti del sito (per esempio i titoli hanno un certo colore, i pulsanti un altro e le voci di menu un altro ancora).

In effetti, raramente una definizione di un colore espressa in maniera descrittiva, come "giallo" oppure, "grigio chiaro", è sufficientemente utile quando la conversazione ha come scopo delle azioni concrete, come l'implementazione di un sito web o la tinteggiatura di una stanza.

La conversazione è avvenuta con uno scambio ravvicinato di messaggi di *e-mail*.

Gli interlocutori sono il gestore di progetti (P.) e l'analista-programmatore (A.). Il gestore di progetti, il cui compito in questo caso è di esprimere la richiesta del cliente, cerca di dare indicazioni all'analista-programmatore sul risultato che si vuole ottenere.

1. P. scrive:

[...] Nelle serp utilizziamo i colori (proverei con grigio azzurro e giallo) e il font del sito

2. A. scrive:

o mi dai il codice colore html (="colore espresso nel modello RGB") *oppure mi dai una pagina di esempio del sito, dicendo qualcosa del tipo: il colore del titolo "Home Fitness"*

Quello che tu chiami "giallo" probabilmente per me è "ruggine"

Quello che chiami "grigio azzurro" per me nemmeno esiste nel sito.

PS Cosa sono le "serp" ????

3. P. scrive:

volevo dire "grigio, azzurro e giallo" e non "grigio-azzurro" ! Ok, cerco la codifica precisa dei colori.

SERP=Search engine report page (="Pagina dei risultati di un motore di ricerca.")

L'unico fraintendimento accaduto in effetti è quello legato alla lista di colori: il mittente del messaggio voleva elencare tre colori (grigio, azzurro e giallo) ma ha omesso la virgola, ovvero il segno sintattico normalmente usato negli elenchi, tra il primo e il secondo elemento, per cui il destinatario ha interpretato la lista come composta di due soli elementi perché non ha visto la virgola ma solo la congiunzione 'e', e ha interpretato 'grigio azzurro' come un unico colore, immaginando un trattino di *liason* tra 'grigio' e 'azzurro'. L'omissione della virgola da parte del mittente può essere attribuita allo stile comunemente in uso nel mezzo di comunicazione impiegato, la posta elettronica.

I messaggi di *e-mail* possono essere sia formali e ben strutturati come una lettera cartacea, come quando per esempio si prendono i primi contatti commerciali con un potenziale cliente con cui non c'è conoscenza diretta, oppure informali e sincopati come una sessione di *chat*, come quando per esempio due colleghi si scambiano numerosi e brevi messaggi di posta elettronica (cfr. par. 1.2) per la definizione di dettagli operativi. Il caso preso in esame è evidentemente il secondo, per cui si può ipotizzare che il mittente, durante la redazione del testo del messaggio, abbia applicato un registro "orale". Immaginiamo una scena in cui i due interlocutori siano faccia a faccia e il mittente P. dica a voce il primo enunciato: una pausa presente tra la parola 'grigio' e la parola 'azzurro' permette la separazione degli elementi della lista; nel messaggio e-mail la suggestione di questo registro potrebbe aver portato il mittente a utilizzare lo spazio al posto della virgola.[13]

La punteggiatura è in effetti spesso "vittima" della somiglianza d'uso che esiste tra l'interlocuzione orale e i mezzi di comunicazione elettronica. Se prima ho evidenziato i tratti comuni, non si deve comunque dimenticare il dato di base che *chat* e *e-mail* usano testo scritto, per cui l'intonazione e il ritmo del parlato devono, o meglio dovrebbero, essere resi con dei *segni paragrafematici* (punteggiatura, virgolette, ecc. – cfr. Bazzanella 2005, 58, nota 15).

---

[13] Una suggestione comunque non pienamente corrispondente a quello che accade veramente, visto che quando si parla le parole non sono quasi mai separate da pause, laddove nello scritto vi sono invece gli spazi separatori; la relazione "pausa" (vocale) e "spazio" (testuale) non sembra quindi sostenuta da una logica d'uso verificata con un'analisi acustica della produzione del discorso orale (cfr. Lycan 2000, 120, nota 1). Più spesso, è vero, a segni di punteggiatura nello scritto corrispondono pause nell'orale, ma non è una regola. La parte della linguistica che studia l'intonazione, la durata e il ritmo della lingua orale è la *prosodìa*.

Un potenziale fraintendimento, impedito dalla richiesta di chiarimenti da parte di A., poteva esserci sugli effettivi colori da scegliere per la pagina web. La *precisione* usata per definirli non era sufficiente in relazione agli *scopi* che entrambi gli interlocutori si propongono, cioè produrre un sito web con i colori coerenti in tutte le pagine web di cui è costituito. A tal proposito è illuminante il seguente passo di Wittgenstein nelle *Ricerche Filosofiche*:

> [...] ciò che è inesatto non raggiunge il suo scopo così perfettamente come ciò che è più esatto. Dunque tutto dipende da cosa chiamiamo «lo scopo». È inesatto non dare la distanza dal sole a noi fino al metro? E non dare al falegname la larghezza del tavolo fino al millesimo di millimetro? (Wittgenstein 1953, §88)

Quindi si è verificata una violazione di una massima griceana di quantità, in quanto da parte di P. è stata dato un contributo informativo minore di quanto richiesto per gli scopi. Questa violazione non era però voluta da P., che non aveva intenzione di comunicare nessun sottinteso (implicatura conversazionale), come sarebbe potuto invece accadere nella seguente ipotetica diversa situazione conversazionale, dove P. e A. sono colleghi e anche amici, e conoscono l'ammontare dei rispettivi stipendi. Alla loro conversazione sono presenti altri colleghi.
1. P. dice:

Ehi, quanto hai preso esattamente di aumento questo mese?
2. A. dice:

Abbastanza, ma non tantissimo...
P. può capire che la non precisione da parte di A. sull'ammontare dell'aumento di stipendio, implichi che non vuole che si faccia conoscere questo dato agli altri colleghi. Il

binomio cooperazione-precisione non è presente solo nelle teorie di Grice, ma anche in Austin e in Sperber e Wilson:

> L'idea di fondo sottende in forme diverse la prospettiva pragmatica: Austin concepisce il linguaggio naturale come uno strumento di grande flessibilità, in grado di adattarsi ai contesti più insoliti, e il cui livello di precisione dipende dagli obiettivi della situazione particolare d'uso; Grice esprime ripetutamente la tesi che i nostri scambi verbali sono sforzi di cooperazione, con una «direzione mutuamente accettata», regolati da un principio generale di cooperazione; Sperber e Wilson sottolineano il fatto che la comunicazione deve sottostare a due princìpi complementari, l'uno che richiede di minimizzare lo sforzo di collaborazione, l'altro di massimizzare l'effetto cognitivo delle nostre interazioni comunicative. (Bianchi 2005, 64)

Sperber e Wilson (Sperber&Wilson 1986), pur riconoscendone l'influenza, criticano il modello di Grice e sostituiscono le sue massime con il principio di *pertinenza*,

> secondo cui ogni parlante, nel produrre un enunciato in un particolare contesto d'interazione, *esprime* una proposizione P e allo stesso tempo *dà ad intendere* [*implies*] che dire P è il contributo più pertinente che egli possa portare all'interazione. Inoltre il principio di pertinenza rispecchia lo sforzo che si presume compia l'ascoltatore per massimizzare la pertinenza (il valore informativo) di ogni enunciato rispetto al contesto d'interazione nel quale viene proferito, poiché solo in questo modo egli è in grado di inferire l'interpretazione che il parlante intendeva per quell'enunciato. (Taylor 1996, 145)

Ritornando all'esempio di partenza, notiamo che sul termine 'SERP' non c'è stato fraintendimento, infatti il destinatario del messaggio non è stato in grado di trovare nessuna interpretazione valida, per cui ha subito attivato le procedure di controllo (vedi par. 3.6 sui termini specialistici).

3.4 Lo spazio: separatore o segno mancante?

Nella conversazione scritta che ho preso in esame nel paragrafo precedente P. ha scritto "grigio azzurro" invece di "grigio, azzurro" (come intendeva il parlante P.) o di "grigio-azzurro" (come aveva interpretato il destinatario A.), cioè ha usato uno spazio bianco tra 'grigio' e 'azzurro'. Lo spazio bianco è infatti usato nella lingua scritta per separare le parole ma è anche *qualcosa che non c'è*. Se scrivendo una frase salto una parola, nel mio testo ci sarà uno spazio.

1. P. scrive:

> *A che ora ci vediamo?*

2. A. scrive:

> *Non so sarò pronto prima delle 22*

Sia tra 'so' e 'sarò' sia tra 'sarò' e 'pronto' è presente uno spazio, però, mentre lo spazio bianco tra 'sarò' e 'pronto' non mi pone problemi di validazione sintattica, per cui è naturale che gli assegni la normale funzione di separatore tra parole, tra 'so' e 'sarò' sembra che manchi qualcosa. In effetti l'enunciato (2) è *agrammaticale*[14] (seppur non in maniera così evidente come «una mangia il grossa bambino bistecca» - cfr. Bazzanella 2005,

---

[14] «Non ogni sequenza di parole costituisce un enunciato ma solo le sequenze grammaticali. [...] Alcuni dei proferimenti prodotti dalle persone sono solo semi-grammaticali perché se fossero scritti sulla carta il risultato non sarebbe un enunciato interamente grammaticale, secondo le regole della grammatica (poiché esso contiene qualche infelicità grammaticale), ma è abbastanza coerente per essere compreso» (Lycan 2000, 120, nota 1).

62-63) e le prime due soluzioni che possono venire in mente per aggiustarlo sintatticamente potrebbero essere queste:

2a. A. scrive:

Non so, sarò pronto prima delle 22

2b. A. scrive:

Non so <u>se</u> sarò pronto prima delle 22

Il destinatario di un messaggio scritto quindi, in caso di dubbio sull'interpretazione da dare, può, a livello sintattico, tentare di sostituire uno spazio con un segno del linguaggio, sia esso una lettera, una parola o un segno paragrafematico, prima di interpretare il proferimento.

L'interpretazione più immediata di (2a) contempla che P. sarà comunque pronto prima delle 22, mentre l'interpretazione di (2b) verosimilmente esprime che P. non è sicuro di essere pronto prima delle 22. Se il destinatario A. non chiede chiarimenti, la scelta di una delle due interpretazioni può generare un fraintendimento, se diversa dall'intenzione comunicativa del parlante.

3.5 *Errori del parlante*

Anche nel caso in cui P. avesse scritto (2a) intendendo che non è sicuro di essere pronto prima delle 22, ovvero l'interpretazione che prima avevo collegato a (2b), e il destinatario A. avesse interpretato (2a) invece con la sua versione più verosimile (P. è abbastanza sicuro di essere pronto prima delle 22), posso parlare di fraintendimento?

Immaginiamo analogamente che nella conversazione del paragrafo precedente P. avesse scritto "grigio-azzurro" per intendere "grigio, azzurro"

P. scrive:

*[...] Nelle serp utilizziamo i colori (proverei con **grigio-azzurro** e giallo) e il font del sito*

Su questa parte del testo A., cioè il destinatario del messaggio, difficilmente può avere dubbi, in mancanza di altri elementi contestuali (per esempio il grigio-azzurro potrebbe essere "vietato" nei siti web per questioni di difficoltà di fruizione da parte di persone affette da daltonismo, oppure il grigio-azzurro è un colore odiato dalla dirigenza aziendale e quindi non deve essere nemmeno nominato, oppure qualche riga prima si erano già nominati i colori e questo "grigio-azzurro" non c'era, ma c'erano "grigio, azzurro e giallo"). In mancanza del dubbio, A. crede verosimilmente di aver trovato l'interpretazione giusta (limitatamente alla parte del proferimento riguardante il colore) ovvero che P. scrivendo "grigio-azzurro" intendesse proprio grigio-azzurro! Mi domando: A. ha frainteso P.? Se viceversa P. avesse scritto "grigio, azzurro" per "grigio-azzurro", il ragionamento è analogo, cambiando però il colore "grigio-azzurro" con i due colori "grigio" e "azzurro".

Vediamo altri due esempi:

Il contesto: due amici, A1 e A2, si incontrano dopo qualche mese; terminati i primi saluti inizia la conversazione in uno dei due seguenti modi possibili:

1a. A1 dice:

Ho comprato la bici nuova.

1b. A1 dice:

Ho comprato la bici nuova. Mi piacciono proprio i SUV giapponesi!

A1 ha avuto un *lapsus*, sbaglia cioè la scelta di una parola nella formazione del suo enunciato, in particolare usa 'bici' al posto di 'auto', ovvero un riferimento a un oggetto di tipo "bicicletta" piuttosto che un riferimento a un oggetto di tipo "auto", come invece avrebbe voluto.

Supponendo che

- A1 non abbia menomazioni fisiche, conosciute da A2, che gli impediscono di usare una bicicletta,
- A1 non stia indicando una rivista automobilistica dal giornalaio lì vicino,

nel caso (1a) A2 non ha elementi per dare interpretazioni diverse da quella letterale all'enunciato proferito da A1, mentre nel caso (2b) esiste una mancanza di pertinenza tra la prima frase e la seconda (i SUV sono una tipologia di automobili e non di biciclette), che dovrebbe indurre A2 a "controllare" la prima frase.

L'interpretazione da parte di A2 di (1a) "A1 ha comprato una bicicletta", è un fraintendimento?

Sì, in tutti e tre i casi visti si tratta di fraintendimento, almeno seguendo la definizione che ho dato sopra, in quanto l'interpretazione data dal destinatario del proferimento è sostanzialmente diversa da quella che avrebbe voluto indurre il parlante, e il fatto che la responsabilità sia in massima parte sulle spalle del parlante non cambia ciò. In effetti, poi, almeno in (1a) e (1b), formalmente non si può essere sicuri al cento per cento che il fallimento comunicativo sia proprio responsabilità del parlante A1 che ha usato 'bici' al posto di 'auto', perché, anche se è vero che io non ho mai sentito nessuno usare il termine 'bici' per riferirsi a un'auto, non escludo che gerghi di particolari gruppi sociali adoperino questo termine figurativamente per farlo. Se il termine fosse stato 'bagnarola', avrei forse creduto che il mio amico mi informava di aver comprato una vasca nuova? Non credo, perché io ho sempre sentito usare questa parola in senso scherzoso, per indicare un'autovettura, per cui non avrei frainteso. Riassumendo: il destinatario di un messaggio può comprendere il *contenuto proposizionale* dell'enunciato, ma fraintendere l'*intenzione comunicativa*, e un parlante che, per estrema ipotesi, adotti un suo personale vocabolario, in cui sono mischiate parole e significati, sarà sempre frainteso.

I casi visti qui esemplificano la situazione in cui sono verificate queste tre condizioni:

1) il proferimento è grammaticale
2) non ci sono altri elementi contestuali che inducano a un'interpretazione diversa da quella letterale;
3) il parlante ha un'intenzione comunicativa diversa dal significato letterale dell'enunciato che proferisce.

La prima condizione implica che il destinatario può cogliere il significato letterario dell'enunciato così com'è, senza operare correzioni che sembrano ovvie, aggiungendo o togliendo simboli.

La seconda condizione equivale a dire che né il parlante né il destinatario hanno evidenza di parti del testo precedenti o di credenze o di conoscenze che possano indurli a qualche implicatura conversazionale che li allontani dal significato letterale, quindi escludo situazioni come quella in cui il parlante crede a) che X e b) che il destinatario creda X, anche quando il destinatario non crede che X.

La terza condizione consiste nel fatto che il parlante, se è interrogato dopo un proferimento sul significato che voleva trasmettere con esso (chiedendogli per esempio di fornire enunciati alternativi), produrrà enunciati con significato letterale evidentemente diverso da quello di partenza, ovviamente immaginando che si tratti di interlocutori cooperativi e con capacità comunicative nella media.

In altri termini, se parliamo di un fraintendimento causato dalla mossa illecita del parlante che usa un enunciato non pertinente e in mancanza di suggerimenti contestuali per una qualsivoglia implicatura diversa dal significato letterale, dobbiamo presupporre la *buona fede* del parlante, sia al momento del proferimento sia quando cerca di spiegare successivamente le sue intenzioni comunicative. Se invece uno dei due interlocutori cerca, in malafede, di convincere l'altro che è avvenuto un fraintendimento, in realtà non è avvenuto alcun fraintendimento. Parlare di "fraintendimento" ha senso solo in un contesto conversazionale *realmente cooperativo*[15].

La prima condizione vista sopra potrebbe sembrare inutilmente restrittiva, laddove poteva forse bastare la seguente:

> 1b) il proferimento è grammaticale, a meno di correzioni all'apparenza ovvie e indolori da parte del destinatario,

per esempio "io non non sono mai stato là" oppure "io sono stato mai là" con "io non sono mai stato là"; credo però che quando un destinatario si trova di fronte a un enunciato in cui rileva un problema sintattico, nel momento in cui opera una correzione senza interagire con l'interlocutore per una verifica, si assuma comunque una certa parte di responsabilità negli eventuali problemi di comunicazione, di conseguenza non si è più nel caso in cui la responsabilità del fraintendimento può ascriversi totalmente al parlante.

3.6   Uso specialistico di termini

Un'azienda di porte in legno contatta una *web agency* per mostrare i suoi prodotti in un sito *web*. Durante l'analisi dei prodotti del cliente fatta dalla *web agency* emerge il termine 'essenza'. Questo termine viene interpretato in un primo momento, dal gruppo di lavoro della *web agency*, come sinonimo di 'colore', immaginando che il cliente avesse una sorta di glossario aziendale in cui rientrasse anche questo uso improprio (a nostro avviso). Guardando però meglio in che modo il termine ricorreva nei cataloghi, presto sorse il dubbio che 'colore' non fosse la giusta interpretazione, perché, a volte, sostituendo un termine con l'altro nel testo, si perdeva il senso.

---

[15] Sul mentire e la violazione delle massime di Grice, vedere Bianchi 2003, 78-79, mentre sulla relazione tra significato del parlante e significato convenzionale (letterale) dell'enunciato vedere Lycan 2000, trad. it. 133-135.

Attraverso ricerche con motori di ricerca in internet riguardanti la parola 'essenza' collegata al termine 'legno', si è quindi successivamente riusciti a contestualizzare l'uso del termine nel mondo della vendita di oggetti di legno.

Vediamo alcuni usi rilevati:

«COME IL LEGNO: Grazie a questa tecnologia dell'ultima generazione, potrete aspettarvi molto di più dell'essenza legno»
(cfr.
http://www.portelegno.it/essenze%20legno.htm)

«Alla categoria delle essenze dure (o "forti") appartengono tutti i legni più nobili [...]»
(cfr.
http://www.antichitabelsito.it/essenze_dure.html)

«'Essenza' è il tipo di legno, un insieme della famiglia botanica più tipo di lavorazione Con il termine essenze si è soliti indicare il tipo di legno che viene impiegato per realizzare un determinato prodotto di falegnameria. Esse si possono dividere in due categorie:
Essenze dure: acero, agrifoglio, bosso, castagno, ciliegio, ebano, faggio, frassino, iroko, mogano, noce, pero, rovere, olmo, pino, tek, palissandro, quercia, ulivo.
Essenze tenere: abete, pioppo, cirmolo, larice.»
(cfr.   http://www.borneylegnami.com/legno/abete-larice-tetto-lamellare-essenza.aspx)

Da questi esempi si è capito che 'essenza', nel gioco linguistico del trattare gli oggetti di legno, è la specie botanica dell'albero da cui proviene il legno, e che si tratta di un termine centrale nell'ambiente produttivo. Il fraintendimento iniziale è stato quindi rilevato e riparato.

È interessante notare che il personale dell'azienda cliente, pur avvezzo all'uso del termine 'essenza', quando è stato interrogato a riguardo non è stato in grado di spiegarne la centralità e l'importanza nel contesto, accettando anche possibili altri termini in sostituzione. Sia il rilevamento sia la correzione del fraintendimento sono invece stati effettuati dal destinatario del proferimento contenente il termine 'essenza', che aveva in un primo tempo male interpretato l'intenzione comunicativa del suo interlocutore.

Il parlante quindi, in questo caso, usa termini e enunciati in maniera "corretta", ovvero adatti allo scopo comunicativo che si prefigge quando interagisce con persone addestrate al suo stesso gioco linguistico (vendita o produzione di oggetti in legno), ma questo uso pare *inconsapevole*, perché quando invece si trova in un contesto diverso, dove almeno uno degli interlocutori non è addestrato:

1) non si rende conto della possibilità di fraintendimento o incomprensione
2) non riesce a trovare enunciati alternativi o esplicativi che tengano conto delle conoscenze del destinatario, nemmeno quando l'incomprensione emerge.

In un modello cooperativo è centrale l'idea che il parlante costruisce e modella il proprio proferimento in modo da avere buone ragioni di credere che il destinatario potrà computare o inferire facilmente e unicamente ciò che il parlante vuole dire, grazie al proferimento stesso e alla conoscenza condivisa. In questo senso il parlante si prepara in modo selettivo a un certo interlocutore (e, reciprocamente, il destinatario si prepara a un certo parlante). (Bianchi 2005, 65)

Nel precedente passo si parla di "modello", difatti la realtà è spesso diversa: il parlante, pur competente nel suo specifico gioco linguistico, non solo non è in grado di riconoscere le diversità e le tante possibilità d'uso del linguaggio, al di fuori del contesto specifico, per prevenire il fraintendimento, ma nemmeno riesce a costruire ponti comunicativi che portino i "profani" a dare interpretazioni più corrispondenti alle intenzioni. Il parlante quindi non ha, o per lo meno non dimostra, quel tipo di competenza che permette di usare il linguaggio per parlare del linguaggio stesso, cioè la *funzione metalinguistica* del linguaggio (cfr. Bazzanella 2005, 14), e non sembra quindi in grado di cooperare pienamente, anche volendolo. Si può quindi parlare di mancanza di competenza metalinguistica (vedi sotto par. 4.1).

3.7 Chi è il soggetto?

Vediamo questo messaggio di *e-mail*:

1. B. scrive: *da quanto deduco dalla risposta di A. al momento non sono in grado di determinare i contatti provenienti da Google*

Vediamo ora il contesto ambientale:

1) B. è parte dell'azienda C1
2) A. è parte dell'azienda C2
3) Il messaggio è stato inviato da B. ad alcuni suoi colleghi e per conoscenza anche a A.

Riscriviamo l'enunciato analizzato:

1a. B. scrive: *deduco dalla risposta di A. che al momento non sono in grado di compiere X*

A. riceve il messaggio e pensa che B. voglia dire ai suoi colleghi dell'azienda C1 che l'azienda C2 non è in grado compiere X, cioè interpreta:

dalla risposta di A. deduco che A. e gli appartenenti alla sua azienda (C2) non sono in grado di compiere X (interpretazione i1).

A. allora risponde per *e-mail* a B., affermando che invece C2 è in grado di compiere X:

2a. A. scrive: *Non è vero, noi siamo in grado di compiere X*

3a. B. scrive: *No, volevo dire che io non sono in grado di compiere X!*

La vera interpretazione (cioè quella del parlante) del primo messaggio, chiarita attraverso questo ulteriore colloquio tra A. e B., è quindi la seguente:

deduco dalla risposta di A. che io non sono in grado di compiere X (interpretazione i2),

da cui risulta che è 'io' il soggetto del sintagma verbale 'non sono in grado di compiere', e non 'essi', come sembrava invece nella interpretazione i1. Attraverso una semplice deissi personale è poi agevole collegare 'io' al mittente del primo messaggio, ovvero B. Sono legittimato ad applicare la deissi personale anche a un elemento testuale in quanto gli scambi ravvicinati di messaggi di posta elettronica sono assimilabili all'interlocuzione orale (vedi paragrafo 1.2).

In italiano non è obbligatorio esplicitare il soggetto del verbo e questo ha creato il fraintendimento. La parola 'sono' è infatti in italiano la coniugazione presente del verbo 'essere' sia per la prima persona singolare ("io sono") sia per la terza persona plurale ("essi sono") ed entrambe le scelte potevano essere fatte dal destinatario del messaggio.

Come mai il destinatario A. non si è reso conto che erano possibili due interpretazioni, dovute a un'ambiguità sintattica? E poi, perché ha pensato, prima del chiarimento, solo alla prima interpretazione (i1), e non alla seconda (i2)? Difficile dirlo, ma si può ipotizzare che la fretta nel voler rispondere, e quindi la necessità di dover anche interpretare velocemente il messaggio in arrivo, possa essere una causa della mancata rilevazione dell'ambiguità del soggetto, mentre l'aver pensato solo alla prima interpretazione potrebbe essere causato, ad esempio, dal fatto che A. stesso era nominato nella frase precedente ('dalla risposta di A. deduco che'), per cui aveva una vicinanza sintattica con la seconda frase, dall'istinto di A. di privilegiare la difesa del suo operato professionale e quello della sua azienda, dall'ignorare che gli altri destinatari del messaggio si aspettassero che B. dovesse compiere l'attività X.

4 CAUSE

4.1 Limiti, incompetenza e responsabilità

Nel tracciare alcune cause dei fraintendimenti, userò qui tre termini, "limiti", "incompetenza" e "responsabilità" , dei quali penso sia bene specificare il senso.

Parlando di limiti di una lingua intendo evidenziare come la specifica struttura di una certa lingua è causa di fraintendimenti, in quanto influisce in una certa misura sulla loro frequenza. Il lessico e la grammatica di una lingua, infatti, insieme ai suoi usi idiomatici[16], è in parte causa della formazione di ambiguità e incomprensioni.

Parlando degli agenti umani del discorso comunicativo, userò il termine 'incompetenza', cioè la forma negativa del lemma 'competenza', la cui definizione ha una certa vaghezza e dipende spesso strettamente dal contesto. Nell'ambito dello studio dell'organizzazione del lavoro, per esempio, la competenza ha una connotazione quasi algoritmica, burocratica e certificabile[17], laddove nelle conversazioni più generiche si

---

[16] Per interpretare, per esempio, la frase "non prendertela!", proferita in italiano, come "non avertene a male!", non basterebbero la grammatica e il significato letterale del lessema 'prendere'. Anche per questo forse Wittgenstein pensava la lingua come una "forma di vita" (cfr. Wittgenstein 1953, §23) e che «'seguire la regola' è una prassi» (Wittgenstein 1953, §202).

[17] Nel settore di studio dell'organizzazione aziendale e della formazione il termine 'competenza' assume valenza specialistica, ed è definito in maniera precisa, ma inevitabilmente diversa, nelle varie scuole di pensiero, così come sono diversi i metodi e per l'identificazione e l'accertamento delle competenze. Comunque anche nello studio dell'organizzazione del lavoro si dà sempre più importanza alle competenze "personali" che affiancano le competenze più strettamente professionali. Queste competenze personali (dette anche "trasversali") comprendono l'abilità come quella di diagnosi, di

56

definisce "competente" chiunque abbia dimostrato di essere in grado di risolvere efficacemente e frequentemente problemi in un certo campo[18]. Anche la competenza specificamente linguistica, dei singoli e dei gruppi, è oggetto di studi e valutazione, vuoi per determinare il grado di efficacia di sistemi didattici nell'addestramento alla capacità di usare una lingua, vuoi per verificare le possibilità di integrazione positiva in gruppi la cui lingua parlata sia diversa da quella madrelingua del soggetto esterno, ed esistono classificazioni precise e certificazioni ottenibili attraverso test: nell'ambito della Comunità Europea sono state elaborate tabelle che, facendo riferimento al risultato di un progetto di studi sull'apprendimento e l'insegnamento delle lingue ("Quadro Comune Europeo di riferimento per le lingue"), definiscono i livelli di competenza in una data lingua di un soggetto, in termini di compiti e quindi di comportamento osservabile:

Livello Avanzato	C2	È in grado di comprendere senza sforzo praticamente tutto ciò che ascolta o legge. Sa riassumere informazioni tratte da diverse fonti, orali e scritte, ristrutturando in un testo coerente le argomentazioni e le parti informative. Si esprime spontaneamente, in modo molto scorrevole e preciso e rende distintamente sottili sfumature di significato anche in situazioni piuttosto complesse.

---

comunicazione, di problem-solving, di decisione, ecc. (cfr. Evangelista 2007 e Evangelista 2006 per una panoramica e per un'ulteriore bibliografia).

[18] Cosa si intende per "risolvere efficacemente"? Come di consueto, la ricerca di sempre maggior precisione nelle definizioni, e quindi la ricerca delle definizioni degli elementi costituenti la definizione di partenza, apre la strada a un regresso all'infinito (cfr. per es. Wittgenstein 1953, §29).

	C1	È in grado di comprendere un'ampia gamma di testi complessi e piuttosto lunghi e ne sa ricavare anche il significato implicito. Si esprime in modo scorrevole e spontaneo, senza un eccessivo sforzo per cercare le parole. Usa la lingua in modo flessibile ed efficace per scopi sociali, accademici e professionali. Sa produrre testi chiari, ben strutturati e articolati su argomenti complessi, mostrando di saper controllare le strutture discorsive, i connettivi e i meccanismi di coesione.
Livello Intermedio	B2	È in grado di comprendere le idee fondamentali di testi complessi su argomenti sia concreti sia astratti, comprese le discussioni tecniche nel proprio settore di specializzazione. È in grado di interagire con relativa scioltezza e spontaneità, tanto che l'interazione con un parlante nativo si sviluppa senza eccessiva fatica e tensione. Sa produrre testi chiari e articolati su un'ampia gamma di argomenti e esprimere un'opinione su un argomento d'attualità, esponendo i pro e i contro delle diverse opzioni.
	B1	È in grado di comprendere i punti essenziali di messaggi chiari in lingua standard su argomenti familiari che affronta normalmente al lavoro, a scuola, nel tempo libero, ecc. Se la cava in molte situazioni che si possono presentare viaggiando in una regione dove si parla la lingua in questione. Sa produrre testi semplici e coerenti su argomenti che gli siano familiari o siano di suo interesse. È in grado di descrivere esperienze e avvenimenti, sogni, speranze, ambizioni, di esporre brevemente ragioni e dare spiegazioni su opinioni e progetti.

		Riesce a comprendere frasi isolate ed espressioni di uso frequente relative ad ambiti di immediata rilevanza (ad es. informazioni di base sulla persona e sulla famiglia, acquisti, geografia locale, lavoro). Riesce a comunicare in attività semplici e di *routine* che richiedono solo uno scambio di informazioni semplice e diretto su argomenti familiari e abituali. Riesce a descrivere in termini semplici aspetti del proprio vissuto e del proprio ambiente ed elementi che si riferiscono a bisogni immediati.
Livello Elementare	A2	
	A1	Riesce a comprendere e utilizzare espressioni familiari di uso quotidiano e formule molto comuni per soddisfare bisogni di tipo concreto. Sa presentare se stesso/a e altri ed è in grado di porre domande su dati personali e rispondere a domande analoghe (il luogo dove abita, le persone che conosce, le cose che possiede). È in grado di interagire in modo semplice purché l'interlocutore parli lentamente e chiaramente e sia disposto a collaborare.

Tabella 1 Livelli comuni di riferimento: scala globale (Council of Europe 2001, trad. it. 32)

Nella linguistica moderna forse uno dei primi ad utilizzare il termine 'competenza' fu Noam Chomsky alla fine degli anni '60; egli, seguendo Saussure[19], distinse tra "competenza" e "esecuzione" ("performance"). La competenza linguistica di un individuo, per Chomsky, è l'insieme di regole e contenuti semantici di una data lingua, che egli ha acquisito e interiorizzato, mentre l'esecuzione (linguistica) è l'effettiva messa in pratica della competenza affiancata da altri fattori cognitivi come per esempio la memoria (cfr. Bazzanella 2005, 51 e Chomsky 1968, 102-103). In seguito altri linguisti

---

[19] Ferdinand de Saussure è considerato il fondatore della moderna linguistica agli inizi del '900. Distinse tra *langue*, cioè il sistema linguistico di una comunità, e *parole*, cioè l'esecuzione concreta di atti linguistici da parte di individui della comunità (cfr. Saussure 1916).

reagirono a Chomsky e preferirono parlare di competenza pragmatica piuttosto che di esecuzione (lo stesso Chomsky ultimamente ha rivisto le sue posizioni). Più in generale, se, giustamente, «con *competenza comunicativa* (concetto introdotto dal sociolinguista Dell Hymes 1972/1979), si intende la capacità del parlante d'impiegare adeguatamente le varietà della lingua nelle diverse situazioni» (Bazzanella 2005, 52), considero però altrettanto importante includere nella competenza comunicativa anche la capacità dell'ascoltatore d'interpretare le molteplici espressioni linguistiche nel momento contingente.

Semplificando[20], si potrebbe quindi considerare la competenza comunicativa di un soggetto, a prescindere dal ruolo (mittente o destinatario) nel turno di conversazione, come una "combinazione" della sua competenza sintattica, semantica e pragmatica[21].

Questo mostra il legame tra deficit di competenza e cattive "esecuzioni" (sia del parlante sia dell'ascoltatore) linguistiche, infatti poca competenza comunicativa implica, per definizione, poca capacità a «impiegare adeguatamente le varietà della

---

[20] La nozione di 'competenza comunicativa', negli sviluppi di altri studiosi che seguirono la teoria di Hymes, è analizzata in vari aspetti, tra cui quello "strategico", che si occupa di riparare i fallimenti comunicativi (cfr. Perlis et al. 1998). Anche se la teoria di Hymes e sue derivazioni, racchiude vari aspetti psicologici; credo che si possa comunque vedere la competenza linguistica come qualcosa che si può acquisire attraverso l'*addestramento sociale* (cfr. Wittgenstein 1953, §157).

[21] A volte la competenza pragmatica di un individuo riesce a supplire a eventuali deficienze nelle altre due aree, basti pensare a quelle persone che riescono a capire e farsi capire efficacemente in terra straniera senza conoscerne la lingua, e, come esempio contrario, a quanti, padroni della sintassi e in possesso di un vasto vocabolario, hanno difficoltà a farsi comprendere perché non riescono a "leggere" adeguatamente la situazione conversazionale.

lingua nelle diverse situazioni» (vedi sopra) e siccome i fraintendimenti possono considerarsi un tipo di esecuzioni inadeguate, si ha un legame tra la competenza e l'accadere di fraintendimenti.

Per completare la definizione vista sopra, si potrebbe dire che ha un alto grado di competenza (e quindi può definirsi "competente") nell'uso di una specifica lingua in modalità espressiva (ruolo del parlante) o interpretativa (ruolo del destinatario), chi riesce a produrre o a interpretare appropriatamente[22] un alto numero di frasi nelle situazioni conversazionali quotidiane.

Una mancanza di competenza che causa fraintendimenti in una conversazione, rende il soggetto incompetente *responsabile* del fallimento comunicativo. La responsabilità in questo senso è compatibile con la buona fede: è possibile migliorare se stessi nell'attività verbale di cercare di farsi capire e di capire, sebbene nessuno diventerà mai un infallibile parlante o interprete, nemmeno nella propria lingua madre.

4.2 Sintassi e grammatica

Dai tempi delle nostre scuole medie ci siamo tutti imbattuti, studiando la lingua italiana, nei due termini 'sintassi' e 'grammatica', utilizzati in un discorso "metalinguistico", ovvero come parole usate per parlare del linguaggio stesso. Se però si cerca di capire cosa si intende con queste due parole e in che relazione stiano tra esse, ci si imbatte in qualche difficoltà, perché anche in questo caso esiste una certa differenza d'uso, a

---

[22] Nella prospettiva pragmatica, in cui il contesto assume grande importanza, spesso si preferisce la nozione di appropriatezza a quella di correttezza (cfr. Bazzanella 2005, 96), ma io ho preferito usare i due termini intercambiabilmente.

seconda che si tratti di un contesto più o meno specialistico, oppure si segua una corrente di pensiero piuttosto che un'altra.

Come dicevo, se si inizia a studiare una lingua in maniera tradizionale, sia che si tratti della propria lingua madre da bambini, sia di una lingua straniera, ci si troverà probabilmente a sfogliare un libro intitolato "Grammatica della lingua X". All'interno di questo libro ci sarà una parte, sovente quella finale, dedicata all'analisi del periodo, in cui forse il termine 'sintassi' non sarà nemmeno usato, oppure apparirà velocemente definito, oppure sarà proprio il titolo di questa parte del libro.

In una grammatica francese la sintassi è così definita: «La **syntaxe** est l'étude grammaticale de la construction de la phrase et des fonctions de ses éléments» (Jouette 2005, 17). In questa accezione la sintassi è quindi quella *parte* della grammatica che si occupa di come le parole si possono lecitamente posizionare nel testo per costruire sintagmi, proposizioni e periodi, e di come questo posizionamento influisce sulla funzione, e quindi sul significato degli elementi del periodo. Si può quindi dire che in questa strutturazione la grammatica è composta di tre parti: la *fonologia* (la pronuncia dei suoni), la *morfologia* (la forma delle singole parole, come il genere dei nomi e le coniugazioni dei verbi) e la *sintassi* (la posizione delle parole nella frase a seconda del loro ruolo semantico). Frasi che vìolano la sintassi della lingua in cui sono espresse, come per esempio "lunga lecca la gatto si il coda" (il posizionamento delle parole non rientra in nessuno schema sintattico), e frasi che vìolano la morfologia, come per esempio "i gatti mangiare due topo" (il posizionamento delle parole è giusto, ma la loro forma non lo è), sono quindi entrambe dette *agrammaticali*. Spesso però sono solamente le "Grammatiche" intese come libri da studiare nelle scuole a tener conto anche della fonologia, mentre la maggior parte della linguistica moderna considera la grammatica composta solo da *morfologia* e *sintassi*, escludendo quindi la fonologia. Molti poi considerano il *lessico* (l'insieme dei

62

vocaboli) di una lingua come non facente parte della grammatica, altri invece sì [23].

Se invece si leggono i libri di Charles Morris, considerato uno dei fondatori della semiotica, si trova espressa una classificazione[24] molto nota, in cui lo studio del linguaggio (o meglio, più in generale lo studio dei segni) è diviso nella triade *sintassi, semantica* e *pragmatica,* dove «la sintassi è lo studio della grammatica, cioè lo studio di quali sequenze di parole siano enunciati ben formati di una data lingua e perché lo siano» (Lycan 2000, trad. it. 205). La sintassi quindi assume le sembianze di una *dottrina* che studia l'insieme delle regole che si chiama 'grammatica'. Lo stesso Lycan, poi, accennando una spiegazione dell'idea di sintassi, afferma: «una sintassi, o *grammatica,* per una lingua naturale, o artificiale, è un mezzo per individuare gli enunciati ben formati, o grammaticali, rispetto a tutte le possibili sequenze di parole di quella lingua» (Lycan 2000, trad. it. 171), facendo diventare sinonimi 'sintassi' e 'grammatica'.

Inoltrandosi poi nei meandri della linguistica specialistica moderna, abbiamo da una parte la corrente *generativa* di matrice chomskyana, che vuole *descrivere* il sistema formale di regole ricorsive (detto *grammatica generativa*) che un parlante

---

[23] Saussure stesso, nel suo *Corso di linguistica generale,* partendo dalla definizione tradizionale di grammatica come sola composizione di morfologia e sintassi, si domanda criticamente se questa impostazione che esclude il lessico sia corretta (cfr. Saussure 1916, 185-188).
[24] Ecco uno schema riassuntivo tratto da (Penco 2004, 29):

sintassi	studio del rapporto dei segni con altri segni
semantica	studio del rapporto dei segni con gli oggetti
pragmatica	studio del rapporto dei segni con i parlanti

competente in una data lingua padroneggia[25] in modo da poter generare frasi ben formate, e dall'altra la corrente *cognitiva*, che mette al centro l'aspetto psicologico-cognitivo e che vede la grammatica non come un sistema di regole più o meno formali privo di semantica, ma come intrinsicamente legata al significato, e dove le entità grammaticali sono distinte dal lessico solo per grado di astrazione e non qualitativamente (cfr. Andrighetto 2006a e 2006b). In questi dibattiti i termini 'grammatica' e 'sintassi' sono usati in senso molto tecnico e hanno sfumature diverse a seconda della particolare teoria delle rispettive correnti linguistiche.[26]

Sebbene i due approcci più specialistici mi facciano intravedere interessanti prospettive di indagine sulla natura del fraintendimento, l'approfondimento che se ne richiederebbe va molto al di là dell'obiettivo di questo testo, per cui la scelta che faccio è di usare 'grammatica' e 'sintassi' nella prima accezione menzionata, di tipo più tradizionale, che considera la sintassi come la *parte* della grammatica che si occupa della relazione tra le frasi, per cui i fraintendimenti di natura sintattica potranno qui essere classificati anche come di natura grammaticale, essendo la seconda definizione più generica e inclusiva della prima.

4.3   I limiti della lingua

4.3.1   Cause grammaticali (morfologiche, sintattiche e fonetiche)

Il linguaggio umano, inteso in generale come «la facoltà di comunicare verbalmente mediante sistemi linguistici» (Bazzanella 2005, 15), trova la sua espressione concreta, si potrebbe dire la sua "implementazione", nelle lingue

---

[25] Forse in maniera innata.

[26] Ringrazio il prof. Stefano Arduini dell'Università di Urbino per avermi suggerito di considerare queste due scuole di pensiero della linguistica.

64

effettivamente parlate, dette anche *lingue storiche*. Tralascio i problemi che comporta il distinguere tra lingue ancora in uso e quelle considerate "estinte", o tra "lingua" e "dialetto" (cfr. Bazzanella 2005, 16), problemi che riguardano l'aspetto socio-culturale, e mi soffermo invece sull'aspetto strutturale.

Le lingue storiche possono essere categorizzate, e quindi differenziate, su base *morfologica* e su base *sintattica*[27], e queste differenze incidono sulla tipologia di fraintendimenti che possono accadere.

Una lingua in cui le parole sono rappresentate da un solo morfema a prescindere dalla funzione che svolgono nell'enunciato è *morfologicamente diversa* da una lingua in cui invece esistono per esempio desinenze che modificano la forma della parola per identificarne il ruolo grammaticale. Per chiarire questa diversità della forma linguistica, metto a confronto una proposizione enunciata in tre lingue, rispettivamente l'italiano, il latino e l'inglese, che pure hanno un grado di parentela piuttosto stretto.

a) *Faustolo vide la lupa*
b) *Faustulus lupam vidit*
c) *Faustulus saw the wolf*

In italiano la desinenza '-a' del lessema 'lup-' mi permette di capire il genere femminile del nome, ma non se è il soggetto della frase o il complemento oggetto; in latino la desinenza '-am' (accusativo), oltre all'informazione sul genere, mi fornisce anche quella sul ruolo che il nome 'lupa' ha nella frase, cioè di subire, di essere l'oggetto dell'azione espressa dal verbo; in inglese la parola 'wolf' non mi dice né il suo genere né il suo ruolo nella frase.

---

[27] Sulle classificazioni e sottoclassificazioni linguistiche vedere Bazzanella 2005, 19-25.

Mi sembra quindi evidente come in una lingua i *vincoli sintattici* siano in relazione con quelli morfologici, in quanto più informazioni si possono ricavare dalla morfologia e meno importante diventa l'informazione sintattica veicolata dalla posizione della parola nelle frase. Nell'esempio sopra, se si vuole salvare il significato della frase, si può cambiare l'ordine delle parole solamente nell'enunciato in latino ("Lupam Faustulus vidit"), mentre nei rimanenti due la sequenza Soggetto-Verbo-Oggetto (SVO) è importante ai fini della corretta interpretazione. Se in italiano si invertisse l'ordine di 'la lupa' e di 'Faustolo' ("La lupa vide Faustolo"), l'effetto sarebbe di rendere 'la lupa' soggetto e 'Faustolo' oggetto. La frase, in caso di comunicazione orale, potrebbe essere pronunciata enfatizzando la prima parte ("la lupa") dal resto ("la lupa, vide Faustolo") mantenendo così nelle intenzioni comunicative del parlante il significato in cui la lupa è oggetto e non soggetto, ma la possibilità di essere fraintesi dal destinatario, che rischierebbe facilmente di interpretare la lupa come soggetto, rimarrebbe comunque piuttosto alta.[28]

Alcune lingue hanno la maggior parte dei verbi invarianti rispetto alla persona, per cui è grammaticalmente richiesto di esplicitare sempre il soggetto; prendendo in esame la lingua inglese noto che quasi tutti i verbi coniugati al tempo presente hanno la stessa forma per tutte le persone, eccezion fatta per la terza singolare che tipicamente aggiunge una 's' o un 'es' in fondo, mentre nelle coniugazioni al tempo passato nemmeno la terza persona singolare ha questa eccezione. Nella seguente tabella paragono la coniugazione del verbo "andare" ('to go' – 'andare') in inglese con una lingua come l'italiano.

---

[28] Altri esempi di problemi interpretativi causati dalla posizione delle parole nella frase si possono trovare in Gabrielli 1975, 574-579. Uno per tutti: "si vendono letti per bambini di ferro".

Persona		Presente		Passato	
Inglese	Italiano	Inglese	Italiano	Inglese	Italiano
I	io	go	vado	went	andai
you	tu	go	vai	went	andasti
she, he, it	ella, egli, esso	goes	va	went	andò
we	noi	go	andiamo	went	andammo
you	voi	go	andate	went	andaste
they	essi	go	vanno	went	andarono

Tabella 2: coniugazione verbi in italiano e in inglese

Ecco un esempio che dovrebbe ulteriormente chiarire la differenza morfologica tra le due lingue: l'enunciato "Tom and Mary married last year. They went to Australia for honeymoon." non sarebbe corretto se scritto "Tom and Mary married last year. Went to Australia for honeymoon.", laddove in italiano l'omissione del pronome personale è la prassi: "Tom e Mary si sono sposati l'anno scorso. Sono andati in Australia per la luna di miele". Esplicitare il soggetto, che deve precedere il verbo, è una regola grammaticale della lingua inglese, per cui almeno il pronome personale è sempre presente negli enunciati in inglese, mentre in italiano questa regola non esiste, e l'uso dei pronomi personali non è necessario[29].

---

[29] Utilizzare il pronome personale può cambiare, a seconda del contesto, l'implicatura conversazionale dell'enunciato, per es. in "tu sei stato a vedere quel film?", 'tu' può essere visto come in contrapposizione ad altri ('noi','essi') che forse sono stati a vedere quel film, mentre "sei stato a vedere quel film?" ha una lettura più letterale.

In inglese il pronome personale è *quasi sempre* necessario per capire la persona nei tempi verbali, laddove in italiano non lo è *quasi mai*, e la valenza di questo 'quasi' si può capire meglio guardando il confronto del verbo essere ('to be' – 'essere').

Persona		Presente		Passato	
Inglese	Italiano	Inglese	Italiano	Inglese	Italiano
I	io	am	sono	was	fui
you	tu	are	sei	were	fosti
she, he, it	ella, egli, esso	is	è	was	fu
we	noi	are	siamo	were	fummo
you	voi	are	siete	were	foste
they	essi	are	sono	were	furono

Tabella 3: coniugazione verbo 'essere' in italiano e in inglese.

Si vede per esempio che in inglese la prima persona singolare del verbo "essere" al tempo presente, cioè 'am', non è affatto ambigua, per cui la regola che obbliga a esplicitare il pronome personale in questo caso è superflua, ma comunque valida, e quindi chi parla inglese deve dire (o scrivere) 'I am'. In italiano il tempo presente di "essere" ha lo stesso morfema[30] 'sono' sia alla prima persona singolare sia alla terza persona plurale, di conseguenza, in mancanza del segno del soggetto (che in questa

---

[30] Per una definizione di *morfema* e *lessema* vedere anche Bazzanella 2005, 60.

68

lingua non è obbligatorio esplicitare) nell'enunciato, non è possibile, almeno a livello sintattico, sapere con certezza se si tratta della situazione semantica "io sono" oppure di quella alternativa "essi sono", se non, ovviamente, analizzando il resto della frase, come negli enunciati seguenti:

Sono sempre rimasti qui (essi)

Sono capace di andare in bicicletta (io)

in cui è il numero (singolare o plurale) di aggettivi o coniugazioni verbali seguenti a permettere la scelta tra "io" e "essi".

Nella conversazione del paragrafo 5.6 in (1) (B. scrive: *[...]. al momento non sono in grado di [...]*) il fraintendimento è stato appunto causato dall'errata assegnazione di un soggetto al morfema verbale 'sono': il parlante voleva intendere "io sono" mentre il destinatario ha interpretato "essi sono", e la parte successiva della frase non ha aggettivi o verbi che permettano di capire se si tratta di un soggetto singolare o plurale. La lingua italiana, nel non prevedere a) che tutte le forme verbali siano distinte morfologicamente per ogni persona, senza eccezioni o b) che nel caso di eccezioni sia obbligatorio l'uso esplicito del pronome, è quindi in parte causa dei fraintendimenti di questo tipo.

Nella lingua inglese poi, sia nel parlato che nello scritto, si pone il problema di distinguere sintatticamente l'uso di 'you' come seconda personale singolare ("tu") oppure plurale ("voi").

La lingua francese ha una caratteristica importante in comune con l'inglese e un'altra con l'italiano:

a) anche in francese, come in inglese, è obbligatorio esplicitare il soggetto del verbo con un pronome personale, in mancanza del soggetto nominale;

b) la morfologia del verbo cambia insieme alla persona, così come in italiano (fa eccezione a questa regola, il modo imperativo, che oltretutto, a seconda della lingua, *difetta* di molte persone grammaticali).

Persona		Presente	
Francese	Italiano	Francese	Italiano
je	io	vais	vado
tu	tu	vas	vai
elle, il	ella, egli, esso	va	va
nous	noi	allons	andiamo
vous	voi	allez	andate
elles, ils	essi	vont	vanno

Tabella 4: coniugazione verbi in italiano e in francese

La prima caratteristica, cioè l'esplicitazione del soggetto, non sarebbe strettamente necessaria al fine della comprensione, in quanto essa sarebbe aiutata dalla seconda caratteristica. Questo è vero però solo se ci si limitasse a considerare lo scritto, perchè il francese è una lingua in cui esistono molte parole omofone, ovvero che si pronunciano in maniera identica ma si scrivono in maniera differente[31], e difatti i morfemi 'vas' e 'va' non sono confondibili nello scritto, perché hanno grafìa diversa, ma hanno la stessa pronuncia nel parlato (a meno di *liason* della 's' di 'vas' con un'eventuale vocale della parola successiva); l'obbligo di esprimere il pronome però impedisce l'ambiguità a livello

---

[31] In italiano le omofonìe le troviamo a livello di espressione (gruppi di parole), piuttosto che di singola parola, per esempio:
    F: "Forse cerchi perversioni"
    A: "Ma come? ehm..."
    F: "Forse cerchi per versioni"
    A: "Ahhh! non avevo 'visto' lo spazio tra 'per' e 'versioni' "

orale. Si può immaginare che, in effetti, la doppia strategia insita nella grammatica della lingua francese riduca i rischi di fraintendimento dovuti a cause morfologiche e fonetiche, ma introduca in alcuni casi una ridondanza di informazioni (specie nello scritto).

4.3.2   Cause semantiche

Ho mostrato in un esempio del capitolo precedente come l'uso specialistico del termine 'essenza' sia stato causa di fraintendimento. Se il termine avesse avuto un significato solo nel contesto specialistico, probabilmente non ci sarebbe stato fraintendimento, in quanto l'interlocutore "profano" si sarebbe trovato di fronte a una parola sconosciuta ed è quindi ipotizzabile che ne avrebbe richiesto una spiegazione immediatamente (dando per scontato che gli interlocutori facciano di tutto per *capirsi*). Per meglio spiegare questa differenza tra termini *strettamente specialistici* e termini *usati in modo specialistico*, rimanendo nel contesto della lavorazione dei mobili in legno, si possono comparare le parole 'smusso' e 'bisello' e le rispettive interpretazioni.

	definizione specialistica (cfr. Stilema 2008)
smusso	Angolo su un elemento di legno ottenuto tramite piallatura o taglio inclinato.
bisello	Smussatura degli spigoli, lavorazione a piano inclinato dei bordi di lastre di vetro e pannelli lignei per farli entrare in scanalature, montature o a semplice scopo ornamentale.

Tabella 5

Anche chi non è addentro all'ambiente della lavorazione del legno può trovare infatti un'interpretazione per 'smusso' che gli può apparire *prima facie* soddisfacente, in quanto il lessema 'smuss-' di questa parola è abitualmente utilizzato in svariate altre situazioni con significati sia letterali ("ho smussato il pilone nel garage mentre facevo manovra con l'auto"), sia figurati ("forse è meglio se cerchiamo di smussare le nostre posizioni"). Chiamo quindi questo il significato *generico* del termine, in opposizione al significato *specialistico*.

Nel caso di 'smusso' il significato generico è piuttosto vicino al significato specialistico, ma non è necessariamente sempre così, infatti, nell'esempio che trattava del termine 'essenza' questa contiguità di significato non era presente. Comunque, a seconda del contesto, è probabile che, per poter passare a *operare praticamente* e *con successo* in base alle conversazioni che intervengono tra lo specialista e il profano, si debba arrivare a un grado di precisione tale da costringere gli interlocutori ad abbandonare il significato generico e a condividere il significato specialistico, per esempio collegando strettamente a 'smusso' i metodi effettivi di lavorazione per ottenerlo.

Il termine 'bisello', al contrario di 'smusso', non ha riferimenti semantici al di fuori della lavorazione del legno o del vetro, come si può verificare sia consultando un normale dizionario della lingua italiana sia campionando delle ricerche con i motori *web*. Il profano, che come sempre consideriamo cooperante e intenzionato a comprendere i proferimenti del suo interlocutore, quindi rileva subito l'incomprensione e richiederà spiegazioni per avere un'interpretazione valida: ciò ovviamente limita la possibilità di fraintendimento.

Il grado di precisione della spiegazione sarà comunque relativo agli scopi che i due interlocutori si prefiggono: per un acquirente, che vuole conoscere il prodotto che compra, è presumibilmente più importante approfondire il significato di 'bisello' rispetto a chi si occupa di creare il sito *web* dell'azienda che tratta prodotti con lavorazione in legno, a cui magari interessa solo sapere che 'bisello' è un tipo di lavorazione utilizzata sia per il legno che per il vetro.

Il confronto tra l'uso specialistico e quello generico, cioè quello del profano, permette di evidenziare i caratteri e le difficoltà di interpretazione semantica dello stesso termine (o per meglio dire, dello stesso sintagma), perché in questo caso sono estremizzati, ma si può intuire che le medesime problematiche si presentino generalmente usando uno stesso termine (di fatto ambiguo) in diversi contesti: per esempio 'collo' può riferirsi sia alla «regione interposta tra testa e collo» sia a «ciascuna unità di carico merci» (Devoto-Oli 2004)[32].

Si dovrebbe quindi auspicare termini sempre diversi per significati diversi? Questo non mi pare possibile, nemmeno teoricamente, dato che i significati che si possono voler esprimere sono innumerevoli, di natura *continua* piuttosto che *discreta*, così come lo sono i numeri reali rispetto ai numeri naturali[33], così come lo sono le sfumature dei colori, per le quali sarebbe ben difficile trovare un nome per tutte[34]. Certamente si tratterebbe comunque di un numero infinito di parole: se ogni più piccola sfumatura di significato avesse un termine diverso saremmo in presenza di una lingua invero infinitamente ricca, ma terribilmente complessa da apprendere, al di là delle capacità (finite) umane. Inoltre, una teoria come quella di Wittgenstein dei giochi linguistici e delle loro somiglianze di famiglia (cfr. Wittgenstein 1953, §65-§71), sembra riesca a descrivere come, in generale, anche un linguaggio "impreciso" (così come lo è il

---

[32] Il dizionario assegna i due significati, molto distanti tra loro, appunto a due lemmi distinti, *collo¹* e *collo²*, e non li registra come significati diversi dello stesso lemma, pur essendo essi identici dal punto di vista dei "segni" del codice lingua.

[33] Vedere, per esempio, la diagonalizzazione di Cantor usata per dimostrare che i numeri reali non sono associabili biunivocamente ai numeri naturali, in Mangione&Bozzi 1993, 309-310.

[34] Lo studio dei colori e il lessico cromatico coinvolge, con attenzione agli aspetti cognitivi, studiosi di varie discipline, come fisiologi, artisti, filosofi, linguisti, antropologi ecc. (cfr. Bazzanella 2005, 236-237).

linguaggio ordinario) serva comunque ai nostri scopi quotidiani. Certamente, nel caso di significati molto distanti tra loro, come quelli riferiti al termine 'collo' visto sopra, avere segni diversi sarebbe possibile e anche non troppo difficile (per esempio l'unità di carico merci potrebbe essere indicata con una nuova parola, 'pacallo'), ma se si iniziano a cercare parole uniche anche per il collo di bottiglia, il collo del piede, il collo della camicia, e così via per tutte le accezioni di ogni parola, ci si potrebbe imbarcare in un'impresa senza fine, infatti bisognerebbe prima di tutto trovare un algoritmo che termini in un numero finito di passi e che enumeri queste accezioni. Le sfumature di significato sono però dipendenti dall'uso e non sono stabili nel tempo, per cui un ipotetico algoritmo di enumerazione dovrebbe girare all'infinito. La totale disambiguazione terminologica, se anche possibile, inoltre costringerebbe l'apparato cognitivo umano a dover memorizzare un'infinità di relazioni segno-significato (elencazione esplicita di tutti gli elementi di un insieme), piuttosto che sfruttare le sue abilità di riconoscimento di analogie e somiglianze (conoscenza delle regole di produzione degli elementi di un insieme), come accade quando si comprende cosa sia il 'collo di bottiglia'.

Questo non significa che tutte le lingue siano uguali sotto questo aspetto, basti pensare banalmente alla parola 'tempo', che in italiano si riferisce sia a quello meteorologico sia a quello cronologico, mentre in inglese esistono due termini distinti, rispettivamente 'weather' e 'time', oppure alla parola inglese 'light', che può essere sia l'aggettivo 'leggero' sia il sostantivo 'luce'.

Ci sono poi casi in cui contesti radicalmente nuovi (o interpretazioni nuove di contesti esistenti), richiederebbero un nuovo glossario da aggiungere alla lingua usata da un insieme di parlanti, cioè la formazione di parole nuove, che sottolineino la cesura col passato, che non inducano al fraintendimento con i vecchi termini, e che obblighino alla distinzione delle nuove definizioni da quelle pre-esistenti. Un esempio che può essere emblematico, nel linguaggio della scienza, è il passaggio dalla fisica classica alla fisica quantistica, che ha innescato una ricca discussione sul nuovo significato dei vecchi termini, sulla creazione di nuovi termini per nuovi concetti, sulla stessa capacità di una certa lingua (tipicamente le lingue indo-europee del mondo occidentale) di poter descrivere adeguatamente questi nuovi concetti. Altre volte, spesso in presenza di "rivoluzioni" di minor impatto, si mantiene l'esistente apparato linguistico:

> Qualunque cosa sia ciò che riesce a vedere dopo una rivoluzione, lo scienziato guarda pur sempre lo stesso mondo. Inoltre, gran parte del suo linguaggio e dei suoi strumenti di laboratorio sono ancora gli stessi di prima, sebbene possa averli precedentemente usati in modo diverso. Di conseguenza la scienza postrivoluzionaria invariabilmente ripete molte delle stesse manipolazioni, compiendole con gli stessi strumenti e descrivendole con gli stessi termini, della scienza dell'epoca prerivoluzionaria che l'ha preceduta. (Kuhn, 1962, trad. it. 159-160)

In questo paragrafo ho parlato di "uso specialistico", per cui mi si potrebbe obiettare che qui siamo in presenza di una causa *pragmatica* di fraintendimento, piuttosto che di una causa semantica. Ricordo però che qui sto parlando dei limiti della lingua, senza considerare i parlanti, per cui è l'ambiguità del significato delle parole a essere sotto esame. La presenza di parole semanticamente ambigue nella lingua comporta una maggiore frequenza di fraintendimenti, a prescindere dal fatto che un uso competente di quelle parole possa compensare ciò (attraverso enunciati chiarificatori, per esempio).

Altra obiezione possibile è quella che qui si è parlato, più che specificatamente della semantica, della ricchezza lessicale di una lingua e di come questa influisca sui fraintendimenti, il che, in sostanza, è vero. In effetti «la creazione lessicale riguarda [...] sia la forma (morfologia) che il senso (semantica) delle parole e si pone come ponte tra le esperienze esterne, le elaborazioni cognitive individuali e sociali ed il codice lingua» (Bazzanella 2005, 67-68), per cui mi pare giustificato associare le potenzialità semantiche di una lingua con la sua ricchezza lessicale.

4.4   Le responsabilità del parlante

4.4.1   Incompetenza grammaticale

Prendo ora un esempio tratto dal film *Fantozzi* (1975), ovvero una conversazione che avviene tra due colleghi di lavoro che si apprestano a disputare una partita a tennis. Anche se si tratta di una conversazione al di fuori dell'ambiente lavorativo in senso stretto, sia per il luogo sia per l'argomento su cui verte, si può immaginare che gli stessi interlocutori replichino gli stessi errori anche nelle conversazioni su temi più specificamente lavorativi. Il fatto che il film in cui questo dialogo ha luogo sia di un genere che si può definire grottesco, non inficia a mio vedere la verosimiglianza, almeno nei tratti essenziali, dell'evento linguistico.

1. Filini dice: *Allora ragioniere, che fa? Batti?*
2. Fantozzi dice: *Ma... mi da del "tu"?*
3. Filini dice: *No, no! Dicevo, batti lei?*

Filini proferisce "batti?" per esortare[35] Fantozzi alla battuta per l'inizio della partita di tennis, e Fantozzi pensa che lo

---

[35] Se la domanda "batti?" sia da interpretare in senso letterale come richiesta di informazioni (Filini chiede a Fantozzi se vuole battere lui oppure no) oppure come esortazione (Filini invita Fantozzi ad affrettarsi a battere) può essere oggetto di discussione: io propendo per la prima ipotesi, perché ho presente l'immagine del film in cui Filini, mentre proferisce la frase, ha una

faccia dandogli del tu, il che lo sorprende perché tra loro hanno sempre usato il lei. Poi si scopre che è solo un errore di coniugazione di Filini, che avrebbe dovuto dire "batte?", ad aver provocato il fraintendimento.

Se il parlante non ha un grado sufficiente (rispetto al concetto che vuole esprime e al contesto ambientale in cui si trova) di conoscenza della grammatica della lingua in cui proferisce il suo enunciato, è probabile che produca o enunciati agrammaticali o enunciati la cui grammatica non si conforma al significato che il parlante voleva comunicare.

L'agrammaticalità di un enunciato non pregiudica *ipso facto* la comprensione del senso, per esempio "devo che scrivere due lettera", pur non essendo grammaticalmente corretto, è comprensibile, anzi in qualche modo, paradossalmente, diminuisce le probabilità di fraintendimento future, perché segnala chiaramente all'interlocutore una possibile debolezza del parlante nel produrre frasi morfologicamente corrette in una certa lingua, inducendolo di conseguenza a inalzare il suo livello di attenzione e a cercare altre prove (ulteriori domande, analisi del contesto ambientale) che confermino le interpretazioni che si appresta a dare alle frasi di cui è il destinatario.

Se però il parlante, che non ha ancora manifestato questa sua incompetenza linguistica (e il livello di essa), produce un enunciato grammaticalmente corretto come il "Batti?" del dialogo visto sopra, allora il destinatario, che non è indotto a operare nessuna procedura di controllo, può fraintendere l'intenzione comunicativa, per dirla alla Grice; infatti, se mettiamo a confronto l'enunciato originale del dialogo, cioè "Batti?", con l'enunciato "Batte?", si vede che, anche se le funzioni comunicative *referenziale* e *conativa* (cfr. Jakobson

---

racchetta per ogni mano (!), proprio come in attesa della battuta del suo avversario sportivo.

cap. 2.3) di "Batti?" e di "Batte?" rimangono immutate, cioè entrambi gli enunciati descrivono la richiesta di compiere un gesto del gioco del tennis (il battere), si pone un problema di *cortesia*. Nel primo enunciato, infatti, è usata la seconda persona singolare del verbo, tipica in italiano in situazioni in cui è presente una certa amicizia o conoscenza approfondita tra gli interlocutori (in particolare negli anni in cui è stato girato il film, oggi le cose sono un po' diverse!), mentre nel secondo enunciato si usa la terza persona singolare, detta appunto di cortesia. Se l'esortazione a fare qualcosa che rivolgiamo a qualcuno con cui non siamo in amicizia viene costruita con una *grammatica di cortesia* (usando il "lei"), essa sarà più smussata, suonerà meno imperativa della stessa esortazione che usa il "tu", ma questa sfumatura comunicativa si perde a causa dell'incompetenza grammaticale del parlante. Se il parlante avesse però conosciuto la grammatica e usato ugualmente la seconda persona singolare per rivolgersi a una persona con cui, in un dato contesto ambientale, non sarebbe stato d'uopo darle del "tu", senza che ci fosse intenzione di mancarle di rispetto, allora il caso poteva ascriversi all'*incompetenza pragmatica*, di cui tratterò nel prossimo paragrafo.

Nell'esempio sopra, la non conoscenza della grammatica da parte del parlante, induce quindi il destinatario a fraintendere l'associazione tra persona e pronome. Questa associazione, che è diversa da quello che la grammatica prevederebbe, è detta *deissi sociale* perchè «serve a grammaticalizzare nella struttura linguistica informazioni sociali relative ai partecipanti» (Bazzanella 2005, 143), in questo caso un rapporto di cortesia tra persone non intime.

Ritengo quindi, come ho accennato sopra, che un parlante che palesi frequentemente ed evidentemente difficoltà nel formare enunciati grammaticalmente corretti, darà meno adito a fraintendimenti: in questo caso il destinatario dei proferimenti o attiverà spesso procedure di controllo della corretta interpretazione, chiedendo conferme e chiarimenti al suo interlocutore, oppure procederà lentamente verso un'interruzione della comunicazione.

Più insidiosa è invece l'incompetenza grammaticale del tipo "a pelle di leopardo", cioè che emerge solo sporadicamente e in particolari situazioni conversazionali. In questo caso, l'interlocutore più competente, a meno che non abbia fatto esperienza pregressa delle lacune del parlante nella conoscenza della grammatica oppure l'abbia inferita da altri elementi contestuali, potrebbe non riconoscere di primo acchito un uso scorretto (il parlante sbaglia la forma dell'enunciato rispetto al significato che avrebbe voluto esprimere) della grammatica, perché non viene generato un enunciato agrammaticale.

In un ambiente lavorativo i soggetti possono condividere la stessa cultura (nel senso antropologico espresso nel cap.1) e la stessa lingua, ma potrebbero comunque avere competenze linguistiche diverse, il cui dislivello è verosimilmente dovuto ai differenti percorsi formativi più o meno avanzati e alle capacità individuali. Inoltre, è vero che la competenza grammaticale diminuisce le probabilità di proferire enunciati agrammaticali, ma non le annulla, per cui è sempre possibile per tutti incorrere in un errore o in un *lapsus*. Nella *web agency* che è la fonte principale degli esempi riportati in questo libro, il livello di istruzione dei singoli è piuttosto simile e non si sono rilevati fraintendimenti dovuti a una grammatica mal padroneggiata.

4.4.2 Incompetenza pragmatica

In un episodio della serie televisiva poliziesca *Distretto di Polizia 8*, un commissario e un dirigente della DIA (Direzione Investigativa Antimafia), ognuno accompagnato dalla propria squadra, si incontrano, in una situazione movimentata e concitata Il primo a parlare è il dirigente della DIA, che si rivolge in maniera quasi veemente al commissario, parlandogli di una terza persona, un certo Gerace, conosciuto da entrambi e risultante fino a quel momento della storia un esponente di spicco della malavita organizzata. Il dirigente urla quindi al commissario, che si stava apprestando ad arrestare questo personaggio: "Gerace è della DIA! Ci siamo capiti?".

Ora, qui il senso della frase si presta ad almeno due macrointerpretazioni:

- Gerace è un infiltrato/collaboratore della DIA
- Gerace è un bersaglio esclusivo della DIA

La prima interpretazione è meno attesa dallo spettatore della vicenda, in quanto sarebbe una rivelazione clamorosa nel contesto della storia rispetto alla seconda, ma è comunque verosimile.

La conversazione, a dire il vero, nello svolgersi della *fiction* televisiva, non ha subìto intoppi, infatti il commissario non ha posto domande di verifica al dirigente della DIA: ma non tutti i presenti alla conversazione, in questo caso gli spettatori davanti al televisore (io *in primis*, ma anche altre persone, a giudicare da alcuni forum di discussione riguardanti la serie televisiva che ho monitorato in internet), hanno capito quale fosse l'interpretazione da scegliere, quella che corrispondeva all'intenzione comunicativa del dirigente della DIA. Solamente l'episodio successivo ha chiarito che la seconda interpretazione ("la DIA afferma che il malavitoso è un bersaglio di sua competenza esclusiva") era quella giusta, e lo si è potuto evincere non tanto da quello che era detto nei dialoghi, ma piuttosto per quello che non era detto. La prima interpretazione avrebbe avuto infatti probabilmente più conseguenze verbali, cioè chiarimenti, moti di stupore e incredulità ecc., che invece non hanno avuto luogo. La storia è continuata coerente con il fatto che la polizia non dovesse interferire con le operazioni della DIA, ma soprattutto col fatto che Gerace *non fosse* un collaboratore della DIA.

L'enunciato "Gerace è della DIA" è della forma "X è di Y", dove "essere di" (in tutte le sue variazioni morfologiche grammaticali) esprime una relazione di "appartenenza" tra X e Y, in cui il primo termine rappresenta quello che appartiene al secondo[36]. Il genere di appartenenza che frasi così formate possono esprimere è non ben definito a livello semantico, spesso, infatti, solamente calando la frase nel contesto pragmatico si può arrivare a un'interpretazione accettabile da entrambi gli interlocutori, mentre altre volte questo non basta e solo ulteriori turni di chiarimento possono portare al successo della comunicazione.

Ecco alcuni esempi degli usi che si possono fare del costrutto "essere di":

- X è di proprietà di Y ("Il libro è di mia sorella")
- X è di competenza di Y ("Quella causa è del giudice Caio")
- X è elemento dell'insieme Y ("Giovanni è dei Carabinieri")
- X è prodotto da Y ("La Twingo è di Renault")

Riusciamo a capire il significato degli esempi qui sopra, anche senza conoscere il contesto pragmatico di proferimento, cioè chi parla e chi ascolta, le credenze condivise, quello che si erano detti prima gli interlocutori? Forse ci sembra di sì, perché queste frasi le abbiamo già sentite e forse la abbiamo usate noi stessi, eppure è alquanto facile immaginare diverse interpretazioni per le prime tre:

- X è scritto da Y ("Il libro è di mia sorella"): mia sorella è una nota scrittrice
- X riguarda Y ("Quella causa è del giudice Caio"): il giudice Caio è accusato di qualche reato

---

[36] Però la forma "X è di Y" potrebbe anche significare che X è fatto del materiale Y. Nuovamente, l'interpretazione corretta deve essere arguibile dal contesto.

- X è di proprietà di Y ("Giovanni è dei Carabinieri"): Giovanni è il cane mascotte dei Carabinieri

Per la quarta frase invece sembra effettivamente più complicato trovare interpretazioni alternative che non risultino forzate, in quanto in "la Twingo è di Renault" ci sono elementi come una marca e un modello di automobile piuttosto conosciuti in Italia e negli altri paesi d'Europa, dove quasi sicuramente vivono i lettori di questo scritto. Però se stessi parlando con un americano, che avesse poca dimestichezza con le auto di marca europea ma si intendesse di tecnologia, potrei immaginare che egli capisca che mi sto riferendo, per esempio, alla "Twingo Systems", azienda che si occupa di sicurezza nei computer, e che sto affermando che un certo "Renault" è il suo proprietario. Sta alla competenza pragmatica del parlante discernere la situazione in cui l'enunciato nella forma "X è di Y" è sufficiente per raggiungere il successo comunicativo, dalle situazioni in cui invece è preferibile costruire un enunciato più ricco, per esempio che usi verbi più specializzati del verbo "essere" oppure che spieghi meglio il ruolo degli elementi "X" e "Y".

Questo tipo di competenza potrebbe essere vista anche come la capacità di essere *pertinenti*, nel senso introdotto da Sperber e Wilson e di cui ho accennato sopra (par. 3.3), ovvero l'essere in grado di rendere «utilizzabile e comprensibile un enunciato in quella determinata situazione, in relazione a quei determinati interlocutori, agendo sulla *metarappresentazione* (cioè sulla capacità di attribuire credenze, desideri, paure, intenzioni ai nostri interlocutori e di rappresentarci i loro stati mentali), e modificando quindi l'ambiente cognitivo comune» (Bazzanella 2005, 187). La teoria della pertinenza fa riferimento a fattori psicologici che la distaccano ancor più di Grice (da cui comunque prende le mosse) dalla filosofia del linguaggio più tradizionale (del resto Sperber è un antropologo e la Wilson una linguista), rendendola in qualche modo contigua alla psicolinguistica; ciò nonostante si tratta «della teoria della comunicazione che più ha influenzato le recenti ricerche pragmatiche» (Bianchi 2003, 105).

L'incompetenza rilevabile, secondo me, dalla frase "Gerace è della DIA", non è tanto del personaggio che la proferisce nell'opera televisiva (nessun destinatario nel contesto della *fiction* ha avuto dubbi nell'interpretazione da dare e questa interpretazione corrispondeva proprio al significato del parlante), quanto dello sceneggiatore che, nello scrivere il dialogo, non ha pensato al possibile fraintendimento che avrebbe potuto esserci da parte degli spettatori (ammesso che non sia stato voluto per aumentare l'interesse per la puntata successiva), che sono i suoi interlocutori, a causa della forma scelta dell'enunciato e della mancanza di altri elementi contestuali dirimenti. Il contesto dello spettatore di una *fiction* televisiva è diverso dal contesto che i singoli personaggi vivono in prima persona, poiché lo spettatore ha spesso (dipende dallo stile narrativo) una visione più ampia dello svolgimento dello storia, conosce fatti che non tutti i personaggi conoscono; d'altra parte i personaggi, se ce li immaginiamo come reali, "conoscono" il "contesto narrativo", cioè il contesto che l'autore della storia ha immaginato per loro, e paradossalmente lo conoscono meglio degli spettatori. Questo implica che nell'esempio da cui sono partito, posso immaginare che ci sia la possibilità che i personaggi del commissario e del dirigente della DIA, i quali nel "contesto narrativo" sono uomini abituati a usare il linguaggio per parlare di argomenti come "collaborazione", "infiltrati" e "obiettivo d'indagine", si siano capiti benissimo, perché forse, ipotizzo, nell'ambiente delle forze dell'ordine nessuno usa mai frasi della forma "X è di Y" per significare altro che "X è un obiettivo di Y". Lo spettatore che però non conosce l'uso del linguaggio da parte di quel particolare gruppo sociale, ha una più alta probabilità di fraintendere, per cui, in conclusione, se l'intenzione di chi scrive i dialoghi è di descrivere realisticamente il linguaggio usato dai suoi personaggi, anche a scapito della comprensione da parte degli spettatori (che anzi sono "invitati" a recepire questo "gioco linguistico"), allora non si può invero parlare di incompetenza da parte sua. Se invece il dialogo non presta attenzione né all'uso del linguaggio dei personaggi né alla comprensione degli spettatori, allora in quel caso si può ipotizzare un certo grado di incompetenza pragmatica.

Il parlante che non si rende conto dell'ambiguità del suo proferimento rispetto alle conoscenze del suo interlocutore, o meglio, rispetto alle conoscenze che il parlante può ragionevolmente attribuire al suo interlocutore[37], o rispetto alla forma dell'enunciato che intende usare, si dimostra quindi incompetente dal punto di vista pragmatico.

L'esempio del paragrafo 3.6, che trattava dei termini usati in senso specialistico, in particolare del termine 'essenza', mostra quindi non solo una certa incompetenza metalinguistica da parte del parlante nel riuscire a chiarire la definizione, cosa che avevo già sottolineato, ma prima ancora la sua incompetenza pragmatica, che in questo caso consiste nell'attribuire poco probabili credenze e conoscenze al destinatario del proprio messaggio. Se il produttore avesse invece parlato con un venditore che trattava oggetti di legno, sarebbe stato assolutamente giustificabile il suo uso di 'essenza', e nel caso che il destinatario del proferimento non avesse dato la giusta interpretazione, sarebbe stato quest'ultimo a dimostrare incompetenza (non si può dire se prevalentemente semantica o pragmatica, se non interrogando ulteriormente l'interlocutore).

---

[37] Quando si è in presenza di una credenza errata (*misconception*) da parte di un interlocutore, viene normalmente suscitata «la reazione di chi ha l'informazione corretta» (Bazzanella et al. 1997, 372). Se chi ha l'informazione corretta non è in grado di rilevare la credenza errata, presenta segni esteriori di quella che chiamo incompetenza pragmatica.

84

Participants in a dialogue bring to it different beliefs and goals. These differences can lead them to make different assumptions about one another's actions, construct different interpretations of discourse objects, or produce utterances that are either too specific or too vague for others to interpret as intended. [...] Not every misunderstanding can be avoided, however, because no speaker ever has enough information, by herself, to know how her utterance will be understood, even if perfectly cooperative and considerate of the context. (McRoy & Hirst 1993, 57-58)

L'incompetenza pragmatica è spesso causata dal parlante quando attribuisce agli altri le proprie conoscenze, o di fatti contingenti oppure di metodi e tecniche, e infatti il dirigente della DIA dà per scontato che il commissario sappia che Gerace non è un infiltrato, per cui rimane per lui un'unica interpretazione ("è un bersaglio della DIA"), e il produttore di oggetti di legno dà per scontato che chiunque abbia già avuto a che fare con acquisti di oggetti di legno, per cui il suo interlocutore deve conoscere l'accezione del termine 'essenza' come "tipo di legno".

Quello di attribuire all'interlocutore conoscenze tecniche proprie o del proprio sottogruppo di lavoro, accade non raramente nella *web agency*, sia quando i programmatori parlano direttamente con il cliente finale, sia quando interagiscono con i colleghi dell'area organizzativa-commerciale; nel secondo caso provocano minori fraintendimenti in quanto la consuetudine a lavorare fianco a fianco tra i diversi dipartimenti della stessa azienda, porta comunque a un *repertorio linguistico* (cfr. Bazzanella 2005, 27) condiviso, mentre i comuni obiettivi, la maggior rilassatezza comunicativa tra colleghi e il *focus* sul risultato, aumentano la probabilità di richiesta di chiarificazione in caso di enunciati di dubbia interpretazione.

Vediamo invece un esempio di interazione tra personale della *web agency* e un cliente: il cliente (C) si lamenta con un programmatore (P) perché spesso il suo sito "non va".

1. C. dice: *il sito è ancora giù, c'è un problema col server?*
2. P. dice: *in effetti non è che il server http non si raggiunge, ma l'applicazione web del suo sito non riesce a "parlare" con il server del database, per cui non può mostrare i dati...*
3. C. dice: *...allora è l'altro server che non và....*
4. P. dice: *ma no, le sto spiegando che entrambi i server vanno bene, solo che non comunicano*
5. C. dice: *...sì...ok, comunque mettete a posto per piacere....*

A volte l'utilizzo di termini tecnici è un espediente retorico del parlante per mostrarsi competente o per sottolineare la differenza di competenze specifiche su un argomento tra lui e il suo interlocutore, ma nei casi presi in esame le persone vogliono *veramente* spiegarsi al meglio e capirsi! Il cliente (C) in questo caso potrebbe fraintendere non tanto il significato letterale delle frasi tecniche del programmatore, per le quali probabilmente non ha trovato nessuna interpretazione, ma piuttosto l'*implicatura comunicativa,* cioè potrebbe credere che il programmatore (P) usi volutamente un registro di discorso tecnico per mascherare e giustificare qualche suo (del programmatore)[38] errore, con conseguenze negative nella comunicazione, malgrado le buone intenzione del programmatore.

---

[38] Notare come anche nelle frasi che scrivo, mi trovi io stesso a cercare di prevenire di essere frainteso: in questo caso, per esempio, il "suo" potrebbe riferirsi sintatticamente sia al cliente sia al programmatore, ribaltando completamente il significato che volevo esprimere. Poco prima nel testo, la proposizione che era nella prima stesura "quello di attribuire conoscenze tecniche proprie all'interlocutore" è diventata poi "quello di attribuire all'interlocutore conoscenze tecniche proprie", per evitare che le "conoscenze" fossero "proprie dell'interlocutore" piuttosto che del parlante.

Ho parlato di "uso di termini tecnici", ma in effetti questa non è la descrizione più precisa di queste situazioni. Le frasi utilizzate all'interno del proprio ambiente di lavoro per descriverne le procedure e in generale lo stato di cose, costituiscono più un *gergo* che un vero e proprio linguaggio tecnico; parole altrimenti piuttosto comuni assumono un significato specifico spesso fortemente legato a strutture sintagmatiche ben precise.

Nella *web agency*, per esempio, il lemma 'montare' si applica quasi esclusivamente a descrivere l'azione con cui un programmatore rende dinamiche le parti di una pagina web il cui aspetto esteriore è stato precedentemente definito da un grafico, ed è usato nelle frasi "fase di montaggio", "montare un sito" ecc., laddove lo stesso lemma ha un significato ben diverso, per esempio, nell'ambiente cinematografico, dove "montare un film" vuol dire tagliare e collegare le scene riprese precedentemente. Il termine non è quindi prettamente tecnico, come può esserlo invece "server http", ma il suo significato è strettamente legato all'uso stereotipato che il gruppo di lavoro ne fa.

4.5 Le responsabilità del destinatario

4.5.1 Incompetenza grammaticale

Se il destinatario di un messaggio ha una conoscenza ridotta della sintassi della lingua in cui esso è espresso, potrebbe incorrere in fraintendimenti, di cui un esempio è quello esposto al paragrafo 3.2, riguardante la doppia negazione che si annulla, cioè non usata come rafforzativo della negazione ma nel suo senso logico, per esprimere un concetto positivo. Il destinatario, insomma, interpreta l'enunciato in maniera opposta al significato che il parlante voleva esprimere, e che ha effettivamente espresso per mezzo di un corretto utilizzo della sintassi.

In generale si può osservare come costrutti sintattici poco usati nella lingua parlata oppure con una struttura più complicata di quella che ci si aspetterebbe in certi contesti conversazionali, abbiano più alta probabilità di essere fraintesi nell'interazione orale. Nello scritto, inteso nel senso tradizionale, cioè come libri o lettere e non come interazioni di dialogo scritto usando i mezzi tipo posta elettronica o chat, la situazione è diversa, in quanto il destinatario del messaggio è in qualche modo preparato a ricevere enunciati elaborati[39], inoltre ha la possibilità di rileggere la frase, senza l'imbarazzo di dover domandare chiarimenti o la ripetizione di essa al suo interlocutore: ci si trova quindi in una situazione in cui è più difficile il fraintendimento, a parità di competenza del destinatario.

Il grado di complicazione sintattica di una frase è comunque un fattore che può spostare la responsabilità del fraintendimento tra il destinatario del messaggio e il mittente. Se prendo per esempio le seguenti frasi:

Non posso fare a meno di non parlare
Mario non potè fare a meno di non arrabbiarsi
(Gabrielli 1974, 569)

vedo che la loro interpretazione è difficoltosa, o perlomeno non immediata (devo parlare o no? Mario si è arrabbiato?), anche in un contesto di lettura di testo scritto e quindi a maggior ragione durante un dialogo, per cui in questi casi dare la responsabilità di un eventuale fraintendimento al destinatario pare francamente una forzatura.

In ogni caso, ritengo che tentare di definire una misurazione della complessità sintattica, e ancor più l'esatto criterio in base al quale essa funge da spartiacque nell'attribuire

---

[39] Parlando di frasi molto elaborate nei testi dei romanzi, il pensiero va spesso a Proust e alla prosa della sua *Recherche*.

a uno o all'altro dei due interlocutori la responsabilità in caso di fraintendimento, sia puramente utopico.

4.5.2 Incompetenza pragmatica

Parlando in precedenza dell'incompetenza pragmatica del parlante come possibile causa di fraintendimento, ho sottolineato un aspetto di questa incompetenza, che consiste nel fatto che il parlante attribuisce al suo interlocutore improbabili (dato un contesto) capacità di comprendere certi usi specifici del linguaggio che invece il parlante padroneggia, per esempio il gergo tecnico. La situazione si ribalta quando il parlante usa questi termini o locuzioni verso destinatari che fanno parte del gruppo di lavoro da abbastanza tempo per essere considerati in grado di comprenderne il significato, perché in questo caso la responsabilità del fallimento comunicativo, ovvero del fraintendimento del termine utilizzato in maniera gergale dal parlante e interpretato nel suo senso generico dal destinatario, si sposta su quest'ultimo.

Un altro esempio paradigmatico di uso del linguaggio, non strettamente legato all'ambito lavorativo, che mostra la differenza tra l'interpretazione letterale, definita dalla sintassi (significato convenzionale), e quella effettiva che il parlante vuole comunicare (significato del parlante), è l'uso abituale nelle conversazioni quotidiane della congiunzione 'e' come indicatore di successione temporale di eventi. Frasi come "Paolo si è vestito ed è uscito di casa" (Bianchi 2003, 71) sarebbero interpretate, da un destinatario privo di competenza pragmatica che seguisse la sola sintassi per inferire la semantica, in senso letterale, cioè come l'enunciazione di due eventi distinti e irrelati, mentre credo che la maggior parte degli interlocutori non avrebbe dubbi a cogliere l'*intenzione comunicativa* consistente nel fatto che Paolo *prima* si è vestito e *poi* è uscito: sono le implicature di cui parlava Grice.

L'implicazione di sequenza temporale degli enunciati [...] non fa parte di "ciò che è detto" dagli enunciati, del livello semantico, del loro significato letterale, ma è da essi solo *veicolata* o *comunicata*; essa deriva semplicemente dalla supposizione che, nelle loro conversazioni, i parlanti rispettino generalmente una regola che richiede di raccontare i fatti in modo ordinato, nell'ordine in cui si sono verificati. Una regola, e non una convenzione semantica: essa infatti può essere abbandonata in qualsiasi momento. (Bianchi 2003, 72-73)

Infatti 'e' non è sempre da interpretare come indicatore di sequenza temporale; è il contesto a indicare o a suggerire l'intenzione comunicativa del parlante. Ad esempio, se dico che "stamattina ho preparato lasagne e torta al limone da portare alla festa di Giulio", è difficile che un ascoltatore presupponga che l'ordine con cui ho effettivamente preparato i due cibi rispecchi effettivamente l'ordine delle parole nella frase[40].

La competenza pragmatica per il destinatario di un proferimento verbale è quindi correlata alla capacità di interpretare gli enunciati non solamente seguendo il significato letterale, ma cogliendone anche le *implicature*, nel senso più ampio, è cioè la capacità di inferire il significato del parlante tenendo conto:

- che in una data lingua certi costrutti sono *convenzionalmente* utilizzati dalla gran parte dei parlanti per convogliare significati socialmente codificati. Esempi di costrutti, oltre l'uso della congiunzione 'e' interpretata come sequenza

---

[40] Se avessi parlato dell'azione di mangiare sarebbe stato diverso, in quanto di solito si segue un abbastanza preciso ordine temporale nell'assumere le varie pietanze, in cui i primi piatti precedono il dolce.

temporale, come visto sopra, sono (tra parentesi quadre l'interpretazione convenzionale):

Francesca è povera ma onesta

[essere poveri spesso porta a non essere onesti, ma Francesca è un'eccezione]

Persino Paolo è venuto

[proprio tutti sono venuti]

(esempi riadattati da Bianchi 2003, 73-74)

- del contesto *conversazionale* specifico, costituito sia dal *cotesto*, cioè le cose dette in precedenza nella conversazione, sia dal contesto ambientale (conoscenze condivise di fatti, opinioni reciproche degli interlocutori ecc.). Ecco alcuni esempi (tra parentesi quadre alcune possibili interpretazioni a seconda del contesto):

Sai che ore sono?

a) [non voglio solo sapere se sai l'ora, ma, in caso positivo, anche che me la comunichi]

b) [io so benissimo che ore sono, ma tu sei in ritardo, e voglio fartelo notare]

A.: Hai una sigaretta?

B.: Non fumo.

a) [A chiede una sigaretta a B, e B con la sua risposta implica che di solito i non fumatori non portano sigarette con sè]

É proprio un bel tipo!

a) [ha una gran faccia tosta e si comporta spesso in maniera reprensibile]

Prendiamo la seguente conversazione avvenuta nella *web agency* tra il gestore delle attività A. e il programmatore P.:

1. A. scrive:

Il cliente ha accettato la nostra offerta economica...ora dobbiamo preparare il progetto grafico e il montaggio

2. P. scrive:

Appena mi passate la parte grafica allora inizio il montaggio quindi...

I fattori che inducono il destinatario a immaginare o no che si sia voluto comunicare un ordinamento temporale tra due o più fatti, rispecchiato dell'ordinamento delle parole presenti nell'enunciato (non esplicitato però dalla struttura grammaticale dell'enunciato, in quanto non sono presenti particelle temporali o altri elementi lessico-morfologici a cui la lingua assegna compiti indicali-temporali, come per esempio 'e poi'), sono quindi di tipo extra-linguistico, come:

- inferenze probabilistiche a partire dal significato letterale degli enunciati componenti la frase e dall'esperienza personale (è improbabile che Paolo sia *prima* uscito e *poi* si sia vestito per strada)
- conoscenze del contesto specifico (il montaggio di un sito può essere fatto solamente se la proposta grafica è completata)

Se la risposta di (P) fosse stata diversa, ovvero:

2a. P. scrive:

Allora posso iniziare il montaggio quindi...

si dedurrebbe che secondo P. il montaggio (nel senso gergale del termine, come visto sopra) possa iniziarsi *prima* del progetto grafico, il che non è invece vero, date le procedure aziendali che dovrebbero essergli note. Posso dire che P. in questo caso dimostrerebbe *incompetenza pragmatica*, probabilmente dovuta alla mancata conoscenza del contesto esteso costituito dall'insieme delle procedure (codificate e non) lavorative.

Suppongo ora che A. inverta i due elementi legati dalla congiunzione 'e' nel suo proferimento:

1a. A. scrive:

Il cliente ha accettato la nostra offerta economica...ora dobbiamo preparare il montaggio e il progetto grafico

Egli ha utilizzato la congiunzione in maniera sintatticamente corretta rispetto al significato letterale corrispondente al "fare X e Y", ma avendo invertito l'ordine temporale in cui queste due azioni possono essere effettivamente compiute, potrebbe indurre in errore un destinatario magari non molto attento in quel momento, che potrebbe quindi presupporre che la prima azione nella frase (il montaggio) si debba eseguire prima anche nel tempo rispetto alla seconda azione (il progetto grafico). P. potrebbe rispondere quindi con la frase (2a), salvo poi trovarsi in evidente difficoltà nel momento in cui effettivamente volesse iniziare l'azione del montaggio, non trovando il progetto grafico su cui lavorare.

In conclusione, il destinatario, per trovare tutte le possibili interpretazioni appropriate al contesto di un proferimento, dovrebbe avere la competenza di considerare, oltre gli aspetti sintattici del messaggio, anche gli aspetti extra-linguistici, tra cui l'uso convenzionale e conversazionale del linguaggio.

5 Prevenzione, individuazione e riparazione

5.1 Costo e inevitabilità

Ci sono molte situazioni in cui l'accadere di un fraintendimento in una conversazione non comporta conseguenze tangibili e altre situazioni in cui questo ha invece gravi effetti negativi. Il giudizio sulle conseguenze di uno specifico fallimento comunicativo, se cioè esso vada considerato negativo, neutro o addirittura positivo, dipende dal contesto ed è soggettivo. Se chiedo a un mio amico come sta il suo "pupo", volendomi riferire al suo gatto, e lui capisce invece che mi sto informando sulla salute di suo figlio, potrebbe non essere grave, anzi, se pure mi accorgessi di non aver comunicato in maniera efficace, probabilmente farei meglio a non dipanare il malinteso, in quanto rischierei di indurre il mio amico a pensare che sono più interessato al suo animale domestico piuttosto che alla sua prole. D'altro canto, è possibile che io sappia che il suo gatto è stato male, ma non si è ancora riusciti a determinarne la causa: se fossi in possesso di elementi utili alla diagnosi del problema del felino, farei meglio a non lasciare passare in silenzio il fraintendimento, quanto piuttosto a cercarne una riparazione.

Ecco un esempio che evidenzia la soggettività del giudizio sulle conseguenze dello stesso fraintendimento: viene chiesto a un programmatore di estrarre da un database di anagrafica tutti gli utenti "anglosassoni", intendendo quelli del Regno Unito, ma egli invece interpreta che deve selezionare gli utenti sia del Regno Unito che degli Stati Uniti. Il fraintendimento viene ad avere un costo economico uguale al maggior tempo occorso per ottenere il risultato voluto dal richiedente, moltiplicato per il costo orario delle risorse impiegate nel compito: se il programmatore incaricato di estrarre i dati è un dipendente dell'azienda e cerca l'ottimizzazione dei risultati, pensando che più l'azienda aumenterà l'utile e più lui riceverà un alto premio di produzione a fine anno, allora considererà questi fraintendimenti che aumentano i tempi di produzione come qualcosa di negativo; se invece fosse un collaboratore pagato a ore potrebbe valutare questa dilatazione dei tempi per eseguire il compito un'opportunità di maggior guadagno[41].

Per un'azienda, eseguire lo stesso compito C (quindi stesso risultato con stessa qualità) in un tempo superiore a quello che sarebbe possibile ottenere in condizioni ottimali, rappresenta una mancanza di *efficienza*, ed è in sostanza quindi una perdita economica. In azienda, i fraintendimenti nelle comunicazioni relative a procedure e richieste operative hanno un costo, che potrebbe essere contenuto con una maggior attenzione alla loro prevenzione e individuazione precoce: un atteggiamento che non è quindi un auspicio da pedanti linguisti, ma che comporta un aumento di *redditività*, da cui l'importanza di trovare dei metodi effettivi e delle strategie per concretizzarlo. Ovviamente anche le procedure di prevenzione hanno un loro costo, che deve essere confrontato con i benefici realmente ottenibili.

In ogni caso, dal punto di vista prettamente comunicativo, prescindendo dall'aspetto sociale e dai punti di vista soggettivi, il fraintendimento è da considerarsi un fallimento; tuttavia ritengo che la sua possibilità di accadere, nel linguaggio naturale, non potrà mai azzerarsi, per due ragioni: la prima consiste nella natura stessa del linguaggio ordinario, la seconda in quella dei suoi utilizzatori.

Il linguaggio ordinario può essere studiato per la sua capacità di descrivere stati di cose, in un'ottica, seguita da Frege, Russell e il cosiddetto "primo" Wittgenstein[42], che

---

[41] Vista l'imprecisione della richiesta, il programmatore avrebbe probabilmente vita facile ad addossare la responsabilità dell'errore al richiedente e a minimizzare la propria.

[42] Le seguenti proposizioni tratte dal *Tractatus* di Wittgenstein sono esemplificative di questa enfatizzazione dell'aspetto referenziale del linguaggio e della sua forma logica:

predilige la semantica e l'aspetto logico-formale del linguaggio. Se però lo si vede anche come uno strumento che si può utilizzare per svariate altre funzioni oltre quella descrittiva (cfr. Wittgenstein 1953[43] e sopra cap. 2.1), come per esempio indurre gli altri ad agire oppure compiere azioni per il fatto stesso di dire qualcosa (cfr. gli atti linguistici, in Austin 1962), allora il linguaggio giocoforza presta il fianco a numerose possibilità di fraintendimento, causate dai molteplici usi che enunciati simili o addirittura uguali possono avere in circostanze diverse. Un esempio di questo è la costruzione interrogativa per frasi che sono in genere (ma non sempre, dipende dal contesto) delle richieste di fare qualcosa, espresse con forma interrogativa di cortesia (cfr. Bianchi 2003, 91-96), come in "Potresti chiudere la porta?". Se l'uso del linguaggio diventa parte della sua stessa *essenza*, e non un mero accidente, ovvero se una lingua (istanza particolare di quello che chiamiamo linguaggio ordinario), per potersi dire tale, deve avere dei parlanti che l'adoperino non

---

- Lo stato di cose è un nesso d'oggetti (§ 2.01)
- La proposizione è un'immagine della realtà. La proposizione è un modello della realtà quale noi la pensiamo. (§ 4.01)
- Se p segue da q, io posso concludere da q e p; inferire p da q. (§ 5.132)

(Wittgenstein 1922, trad. it.)

[43] Anche se le teorie di Wittgenstein espresse nel *Tractatus* sono spesso confrontate a quelle espresse nelle *Ricerche* per evidenziarne le differenze, si percepisce una continuità tra quelle del primo Wittgenstein e le successive, pur con revisioni anche profonde di alcuni tratti importanti del *Tractatus*:

Dal confronto risulta, comunque, che queste due opere pongono l'accento sui vari problemi in maniera diversa. [...] Nell'esaminare la natura umana il *Tractatus* mette in rilievo la complessità del linguaggio, le *Ricerche* la sua ovvietà. [...] Ma, soprattutto, a differenza di quanto aveva fatto nel *Tractatus*, nelle *Ricerche* Wittgenstein riflette in modo particolare su ciò che l'uso o applicazione di una parola comporta. (Kenny 1973, trad. it. 256)

solamente per descrivere il mondo, ma anche per altre funzioni che essi considerano altresì utili, come per esempio dare ordini o dichiarare matrimoni (vedi anche le funzioni del linguaggio di Jakobson, cap. 2.3), e avere forme indirette come ironia, sarcasmo e metafore, allora la complessità e la varietà che può assumere il linguaggio rendono in qualche modo gli eventi di fraintendimento inscindibili dal linguaggio stesso.

La seconda ragione si basa sul fatto che quello che connota come "ordinario" il linguaggio è il suo essere utilizzato nella vita di tutti i giorni da parlanti umani reali. Non si tratta di interlocutori in qualche modo idealizzati, rappresentanti astratti di tutta la categoria dei mittenti o di quella dei destinatari di un proferimento, ma di persone viventi e diverse tra loro. Pur considerando importantissimo, anzi basilare, il portato semantico di un enunciato ai fini della sua interpretazione (e quindi non vedendo la semantica "collassare" nella pragmatica, cfr. sopra cap. 2.3, ma tenendo i due aspetti distinti), credo sia fondamentale pure il suo calarsi nel mondo reale, il suo contesto di proferimento, lo stato e le competenze degli interlocutori effettivi. Ora, è ovvio che tutti questi fattori, ed in particolare le competenze, sono diverse da soggetto a soggetto. Questo ha come conseguenza la possibilità che lo stesso enunciato E, se proferito dal parlante P1 nei confronti di un destinatario D1, porti a una comunicazione efficace (D1 riesce a cogliere il significato del parlante), mentre, se rivolta a un destinatario D2, porti a un fraintendimento (anche dando come assodata la comune matrice linguistico-culturale dei partecipanti alla conversazione). L'eterogeneità ineliminabile degli interlocutori nelle conversazioni quotidiane ha quindi come conseguenza l'impossibilità di eliminare i fraintendimenti.

Si potrebbe obiettare a questa seconda ragione, ipotizzando, in linea teorica, una società composta di pochi elementi, tutti linguisticamente competenti a tal punto da capirsi sempre senza nessun problema. Bisogna però considerare due fattori tipicamente umani: il primo è che la competenza linguistica è una capacità che per ogni individuo non è fissa nel tempo, il secondo è che, attraverso gli eventi di morte e nascita, anche gli stessi individui di una società sono sostituiti nel tempo.

La competenza linguistica è una abilità che per ogni individuo non è fissa nel tempo, infatti essa influisce piuttosto sulla *media* delle singole prestazioni, analogamente alla capacità di correre veloce. Credo inoltre che, così come lo è appunto la capacità di correre veloci, sia *allenabile,* pur dipendendo ovviamente anche dal patrimonio genetico personale, per cui a causa di situazioni contingenti, come ad esempio malesseri psico-fisici o a seguito di lunghi periodi di inattività (linguistica), si possono riscontrare episodi di insuccesso comunicativo anche in soggetti abitualmente molto capaci.

Poi, come dicevo, attraverso il ciclo vitale gli individui di una società cambiano: soggetti con alte abilità linguistiche muoiono; i nuovi nati non sono ancora addestrati al linguaggio e certamente non ne hanno subìto competenza, né si può prevedere se l'addestramento a cui saranno sottoposti avrà successo. La competenza linguistica globale di questa società, che partiva magari da una situazione in cui i suoi individui avevano tutti grandi capacità comunicative, quindi è anch'essa variabile nel tempo.

In effetti le due ragioni che mi inducono a pensare che il fraintendimento accadrà sempre e che sia ineludibile, possono essere viste come un *unicum*, cioè la natura del linguaggio ordinario e quella dei suoi parlanti sono le due facce della stessa medaglia[44]: quello che rende *ordinario* (o *naturale*) un linguaggio è infatti proprio la natura umana dei suoi parlanti (un

---

[44] Questa è una similitudine nota ai più, piuttosto banale e abusata, ma se avessi scritto "sono le copertine dello stesso libro", la mia intenzione comunicativa avrebbe sicuramente avuto meno probabilità di successo!

linguaggio ordinario senza parlanti *reali* non può esservi e dei parlanti senza linguaggio *ordinario* nemmeno).

A ulteriore sostegno di questa tesi, molti studi sulla conversazione nelle situazioni quotidiane rilevano la grande difficoltà di prevenire i fraintendimenti, a causa di fattori come l'equilibrio tra cortesia e precisione, la capacità di recupero delle cognizioni memorizzate, la difficoltà di valutare le altrui conoscenze e credenze, le ambiguità della struttura linguistica, lo sforzo inferenziale degli interlocutori, così come loro problemi particolari (cfr. Bazzanella et al. 1999, 818).

Il linguista Gumperz, in un'intervista, afferma che il fraintendimento è una condizione umana, e ognuno è solo, con le proprie intuizioni, di fronte all'altra persona (Prevignano, Di Luzio 1995). Il fraintendimento è stato quindi riconosciuto come un normale fenomeno nella comunicazione[45] (cfr. Ardissono et al. 1998, 649-650).

Tuttavia, così come gli uomini possono cercare di ammalarsi il meno possibile, attraverso una profilassi personale e ambientale (malgrado sia impossibile avere qualcosa come un vaccino multivalente che li protegga da ogni malattia), è altrettanto possibile ridurre il rischio di fraintendimento attraverso strategie preventive individuali (personali) e aziendali (ambiente), in una sorta di "profilassi linguistica".

5.2 Prevenzione individuale

Chi, in un'azienda, si accinge a iniziare una conversazione (faccia a faccia o con messaggeria elettronica o attraverso messaggi di posta elettronica ravvicinati tali da essere paragonabili a una conversazione) per comunicarsi cose come le esigenze del cliente, dei problemi tecnici, i vincoli imposti dalle procedure aziendali, suggerimenti, soluzioni, o altri elementi atti

---

[45] Vedi anche Blum-Kulka & Weizan (1988) e Weigand (1999).

a compiere l'attività produttiva, deve, come prima cosa, essere cosciente che l'efficacia della comunicazione, basilare per la correttezza e l'efficienza della produzione (materiale o concettuale che sia), *non è scontata*. Anche se ricordiamo le esperienze passate di interazioni tra i medesimi soggetti che sono andate a buon fine, anche se *solitamente* il nostro collega si dimostra preciso nelle sue espressioni verbali o abile nel comprendere il significato del parlante, è comunque importante avere un atteggiamento guardingo.

Questa attenzione si può mostrare con comportamenti concreti, come per esempio una propensione da parte del parlante alla *ridondanza*, anche prima che appaiano segni visibili di fraintendimento; ecco qualche metodo, senza voler pretendere in alcun modo di essere esaustivo:

- *l'esplicitazione di elementi altrimenti indicati in maniera deittica con pronomi personali.*

   Es.: "Allora **noi** finiamo **questa parte** di programma".

   'Noi' chi? Il parlante e il destinatario? Il parlante e il suo gruppo di lavoro? Il parlante intende 'la mia azienda'?[46] Anche l'indicale 'questa parte' potrebbe non essere chiaro a cosa si riferisca in realtà.

   Possibile prevenzione:

   "Allora **io e i miei colleghi** finiamo **la prima parte** del programma";

---

[46] Cfr. Bazzanella 2005, 131.

- *la ripetizione del sintagma lessicale di soggetti e complementi, per evitare problemi inerenti l'anafora*[47].
Es.: "Tu finisci i moduli 1 e 3, e Giovanni i moduli 2 e 4. Dopo portame**li** in ufficio".
Quali moduli devo portare? Quelli che farò io, cioè il modulo 1 e il modulo 3? Oppure anche quelli che farà Giovanni? O solo quelli di Giovanni?
Possibile prevenzione:
"Tu finisci i moduli 1 e 3, e Giovanni i moduli 2 e 4.
Dopo portami **i moduli 1 e 3** in ufficio"
oppure, per evitare ripetizioni fastidiose[48], a volte si può trovare un'altra anafora più chiara:
"Tu finisci i moduli 1 e 3, e Giovanni i moduli 2 e 4.
Dopo portami **i tuoi** in ufficio";
- *la ripetizione di espressioni usando altre costruzioni sintattiche,*
Es.: "Cerchi per versioni?".
Il destinatario, se la frase è proferita a voce, potrebbe interpretare le ultime due parole come una sola (vedi nota 13), cioè 'perversioni', immaginando forse che il parlante stia facendo qualche motto di spirito o si stia interessando alla sua vita privata o sia un'insospettabile lenòne.

---

[47] L'anafora è l'uso di un pronome, o di parole generiche come 'cosa' e 'fatto', per far riferimento allo stesso referente di un termine già presente nell'enunciato (cfr. Bazzanella 2005, 79-81). Es. "Paolo è andato a casa di Maria e l'ha invitata al cinema", al posto di "Paolo è andato a casa di Maria e ha invitato Maria al cinema".

[48] Si deve valutare di volta in volta la necessità o meno della ripetizione del sintagma principale del referente, perché a volte «la ripetizione lessicale al posto dell'abituale pronome anaforico con identità referenziale, invece di chiarificare, porta ad effetti controproducenti. Ad es., nel caso di: "Giorgio ha telefonato a suo fratello e [gli] ha chiesto a suo fratello l'ora dell' [del suo] arrivo di suo fratello" le ripetizioni di "suo fratello" sembrano rimandare ad un'altra persona» (Bazzanella 2005, 79-80).

Possibile prevenzione:
"Stai facendo una ricerca usando le versioni come filtro?";[49]

- *l'indicazione dei motivi e cause di certe affermazioni o richieste, anche se non strettamente necessari.*
Es.: "Cosa fai sabato mattina? Dobbiamo finire quel lavoro che sai…".
Il destinatario probabilmente vedrebbe in questo proferimento un'implicatura conversazionale, cioè la richiesta implicita di fare del lavoro straordinario il sabato mattina e potrebbe, di conseguenza, rispondere a male parole.
Possibile prevenzione:
"Cosa fai sabato mattina? Dobbiamo finire quel lavoro che sai…Possiamo chiamarti al cellulare se abbiamo bisogno di qualche chiarimento?".

Generalizzando, la prevenzione si opera «aggiungendo informazione di disambiguamento alle proprie descrizioni prima di proferirle» (McRoy & Hirst, 1993, 58, trad. it. mia).

Apparentemente, la ridondanza provoca la violazione di alcune massime del principio di cooperazione di Grice (cfr. cap. 2.1), cioè quelle di *quantità*, che invitano a dare un contributo informativo sufficiente ma non eccessivo rispetto a quello richiesto dalla conversazione, e una di *modo*, che invita a essere brevi. Le violazioni di una o più di queste massime, secondo Grice, dovrebbero portare a implicature di significato che vanno al di là del senso letterale, ma è proprio vero in questo caso? In conversazioni "normali" le violazioni viste sopra dovute alla ridondanza potrebbero essere interpretate forse come "devo dirti

---

[49] Ci si riferisce alle ricerche fatte su tabelle di basi di dati, in cui si ha la possibilità di filtrare le righe in base a certi valori delle colonne, per esempio trovare tutti gli studenti il cui nome è 'Andrea'.

le cose molto precisamente perché non mi fido del tuo comprendonio", o anche che il parlante sia prolisso e non veramente cooperativo; ma nell'ambito della comunicazione aziendale lo scopo prevalente è quello di fornire informazioni (funzione referenziale di Jakobson) e di indurre all'azione le persone (funzione conativa) attraverso comunicazioni *esplicite*, mentre le implicature conversazionali e convenzionali, meno immediate da interpretare, dovrebbero essere ridotte al minimo. Pertanto, si può dire che nel contesto delle conversazioni aziendali non è ridondante ciò che invece apparirebbe tale in una conversazione normale, per cui in questa ottica probabilmente non si può parlare di una vera violazione delle massime griceane. Cose come ironia o sarcasmo, pienamente ammissibili (anzi, auspicabili!) quando colleghi di lavoro interagiscono per parlare della vita sociale all'interno dell'azienda, per esempio a riguardo delle discutibili capacità manageriali del direttore generale, sono meno utili e potenziali generatrici di fraintendimento se usate in discussioni operative, in quanto

il solo tipo di atteggiamento legittimo nei confronti del destinatario è infatti quello di essere apertamente informativo – per Clark, come per Grice: usi non seri del linguaggio (come l'ironia, il sarcasmo, l'enfasi) sono legittimi solo se il destinatario viene messo nelle condizioni di riconoscere il loro carattere non apertamente informativo. (Bianchi 2005, 66)

Il mittente dovrebbe inoltre prestare attenzione all'uso dei termini ed *espressioni gergali* legati strettamente all'ambito merceologico dell'azienda o comunque al vocabolario aziendale, domandandosi in primo luogo se egli stesso sia un utilizzatore competente dell'espressione che si accinge a proferire, poi se la stia usando a proposito, e infine se il suo interlocutore sia con buona probabilità in grado di interpretarla correttamente. In particolar modo può avvenire che, quando la conversazione ha luogo tra personale di un'azienda e un cliente esterno, la conoscenza di questo gergo sia ovviamente sbilanciata a favore del primo, oppure, ancor peggio, si potrebbe avere una specie di scontro tra gerghi differenti; quindi nelle situazioni di dubbio il suo uso andrebbe limitato o contornato di perifrasi esplicative.

Il mittente può, in un turno successivo a quello in cui crede di aver proferito o scritto un enunciato della cui chiarezza non sia pienamente convinto o nel quale abbia individuato autonomamente dei punti di ambiguità, esprimere le proposizioni che voleva comunicare utilizzando altri termini o chiarendo il significato di certi passi dell'enunciato del turno precedente, senza la necessità di attendere l'eventuale *feedback* del suo interlocutore: in questo caso si è in presenza di un'*auto-correzione spontanea*. Le correzioni rientrano in effetti, come si vedrà più avanti nel par. 5.5, nelle strategie di riparazione piuttosto che in quelle preventive, ma, mentre una riparazione sottintende un fraintendimento, questo tipo di correzioni spontanee sono invece una sorta di assicurazione, utile anche in loro assenza o mancato rilevamento.

Se la chiarificazione da operare fosse lunga e complessa, il parlante potrebbe sollecitare il feedback, richiedendo preventivamente ed esplicitamente al destinatario se l'enunciato in questione gli fosse riuscito totalmente chiaro (funzione metalinguistica), in modo da operare l'auto-correzione solo se necessaria. Effettivamente però, la sola affermazione del destinatario di aver compreso potrebbe non essere sufficiente per rassicurare il parlante sul successo del suo primo proferimento, per cui una strategia di prevenzione migliore potrebbe essere quella di adottare passi di chiarificazione con grado di approfondimento crescente. Ogni passo funge sia da elemento di controllo che il destinatario può confrontare con la sua interpretazione originaria per evidenziare eventuali discrepanze e quindi rilevare il fraintendimento, sia da elemento utile a portarlo più vicino al significato del parlante.

Ecco un esempio in cui l'auto-correzione spontanea aumenta la sicurezza nel successo comunicativo:

1. P. scrive: *Dovresti mandarmi la documentazione sul cliente C*
2. A. scrive: *Ok, entro stasera te la invio per mail*
3. P. scrive: *Scusa...non mi serve tutta la documentazione...mi basta quella del progetto di cui abbiamo parlato ieri*
4. A. scrive: *Certo, la prima parte del progetto Y, avevo capito*
5. P. scrive: *Esatto!*

Questo invece è un esempio in cui l'auto-correzione previene (nel senso di rilevare prontamente e correggere prima della conclusione dello scambio) un effettivo fraintendimento:

1. P. scrive: *Dovresti mandarmi la documentazione sul cliente C*
2. A. scrive: *Ok, entro stasera te la invio per mail*
3. P. scrive: *Scusa..non mi serve tutta la documentazione...mi basta quella del progetto di cui abbiamo parlato ieri*
4. A. scrive: *Ah, ok..ti mando quella del progetto X*
5. P. scrive: *No, non quella! Il progetto di cui abbiamo parlato ieri mattina, non ieri sera...*
6. A. scrive: *Il progetto Y quindi?*
7. P. scrive: *Sì quello!*

Fin qui ho trattato in particolare del parlante; il destinatario del messaggio invece, in generale, deve mettere in secondo piano quelle regole di cortesia che si applicano nelle conversazioni più generiche e che impedirebbero, tra le altre cose, di chiedere chiarimenti reiterati su ciò che ci viene detto, perché renderebbe difficoltosa una normale conversazione. Nelle conversazioni operative però il fine è massimizzare la comprensione della parte descrittiva del messaggio, e di

105

conseguenza minimizzazione i dubbi e i fraintendimenti, per cui chiedere delucidazioni di cui si sente il bisogno, diventa prioritario, e non facoltativo. Il destinatario deve alla fine avere chiara la parte informativa del messaggio, quella cioè che gli permetterà di agire in maniera corrispondente alle aspettative aziendali. Ecco un esempio:

1. P. scrive: *Dovresti mandarmi la documentazione sul cliente C*
2. A. scrive: *Ok, ma quale?*
3. P. scrive: *Mi basta quella del progetto di cui abbiamo parlato ieri*
4. A. scrive: *Ieri sera?*
5. P. scrive: *No, non quella! Il progetto di cui abbiamo parlato ieri mattina, non ieri sera...*
6. A. scrive: *Il progetto Y quindi?*
7. P. scrive: *Sì quello!*

5.3 Prevenzione aziendale

L'azienda, come ho scritto sopra, ha un vantaggio reale nel cercare di migliorare la qualità della comunicazione al suo interno. Per fare questo può agire su due campi: l'ambiente e l'individuo.

Per agire sull'ambiente si deve cercare di formalizzare la *categorizzazione* e i *metodi di trasferimento* della parte informativa-operativa dei messaggi. La categorizzazione può essere effettuata, per esempio, istituendo un glossario delle entità e delle operazioni aziendali principali in forma scritta e con definizioni esplicite; esso fungerebbe da *reference* per tutte le persone componenti il sistema azienda, inducendole, in una sorta di economia comunicativa, a non cercare sinonimi e a ripetere lo stesso segno (nome, verbo, attributo) per riferirsi alle stesse entità. Come si vede, la *ripetizione* è qui preferibile a alla varietà lessicologica.

La formalizzazione dei metodi con cui si trasferisce informazione da un soggetto all'altro si può ottenere introducendo la regola di usare preferibilmente la comunicazione di tipo scritto (documenti, e-mail) piuttosto che quella orale, e magari con la creazione di moduli per le comunicazioni scritte tra i reparti, che esplicitino e rendano ben distinte le sottoaree più rilevanti dell'informazione, ossia tipicamente le parti che indicano:

- COSA si deve fare (oggetto)
- CHI lo deve fare (soggetto)
- COME deve essere fatto (modo)
- QUANDO deve essere iniziato e terminato (tempo)

Le conversazioni orali dovrebbero essere invece principalmente utilizzate per le discussioni preliminari sull'analisi dei problemi e sulle loro possibili soluzioni, oppure per chiarimenti (che poi sarebbe opportuno riportare in forma scritta).

L'indicazione di privilegiare il canale del linguaggio scritto per la comunicazione delle informazioni aziendali e l'uso di moduli può apparire come un'eccessiva irreggimentazione. Non posso negare che questa strada può portare a una burocratizzazione e quindi a un eccesso del costo della procedura comunicativa rispetto all'entità della procedura operativa, ma, come sempre accade, c'è una misura nelle cose. Se l'operazione (oggetto) da compiere è di piccola entità, come ad esempio può essere la richiesta a un programmatore di cambiare il titolo di una singola pagina *web*, non ha senso scrivere documenti che indichino precisamente tutti i termini della richiesta operativa. Se invece l'operazione è articolata, coinvolge più soggetti e richiede tempi medio-lunghi, allora una chiarezza comunicativa iniziale diventa redditizia. Sostituire un messaggio di posta elettronica stilato in maniera discorsiva e probabilmente infarcito di deittici e altre ambiguità, con un testo che espliciti e separi almeno le quattro sottoaree indicate sopra, può essere considerato ragionevole per un'attività di una certa entità, mentre al contrario richiedere di indicare il codice fiscale dei programmatori coinvolti in un'attività, per evitare casi improbabili di omonimia, appare come una precisione eccessiva rispetto alla maggioranza dei contesti. Sia l'eccesso che la mancanza di precisione, relativamente alla situazione contingente, rendono l'azione verbale meno pertinente, ostacolandone il successo. È quindi necessario trovare un equilibrio quando si definiscono le modalità comunicative in azienda, tenendo presente il livello medio delle capacità linguistiche degli attori coinvolti e la natura dei compiti oggetto della comunicazione. È consigliabile quindi procedere in maniera graduale, per evitare che la terapia linguistica sia introdotta in azienda in dosi eccessive, provocando reazioni di rigetto da parte dei soggetti interessati.

Le quattro sottoaree sono però a mio avviso un buon punto di partenza, facilmente comprensibile e praticabile. Parallelamente all'aumentare della complessità (che deve essere comunque commisurata agli effetti pratici che si vogliono ottenere) delle procedure di passaggio dell'informazione, l'azienda dovrebbe cercare di contribuire al miglioramento delle abilità linguistiche dei singoli, affinchè esse non siano subìte ma viste come un effettivo aiuto. La stessa necessità di compilare moduli scritti, pur di semplice struttura, già comunque induce (spesso in maniera inconsapevole) negli attori della comunicazione aziendale una maggior attenzione alla chiarezza anche nell'interlocuzione orale, sia come parlanti sia come ascoltatori.

Il secondo campo su cui può agire l'azienda è quindi l'individuo: essa può cercare di incrementare le competenze comunicative dei singoli viste nel paragrafo precedente, per esempio attraverso corsi o seminari interni, e cioè attuando politiche che possano migliorare la capacità di prevenzione dei singoli. Si tratta in qualche modo di operare fattivamente ed in maniera organizzata quell'addestramento al gioco linguistico (aziendale) come lo descrive Wittgenstein nelle *Ricerche*.

5.4 *Individuazione*

I partecipanti (cooperativi) a una conversazione si basano sulle proprie *aspettative* per determinare se si sono capiti o no. Ci si aspetta, tra le altre cose, che i proferimenti abbiano qualche relazione coerente con il discorso fin lì fatto, oppure che eventuali cambi di argomento siano opportunamente introdotti da formule convenzionali che evidenzino la digressione. Anche se non sempre i partecipanti riconoscono un fraintendimento quando accade, sono comunque consapevoli che questo può avere luogo, per cui, invece di sperare passivamente che ci si intenda comunque l'uno con l'altro, ascoltano attivamente per rilevare eventuali problemi e per confermarsi a vicenda che la conversazione pare effettivamente procedere correttamente. Quando un partecipante produce una risposta che è consistente e coerente con ciò che l'altro ha appena detto, cioè rispetta le aspettative, questo viene preso come una dimostrazione di comprensione, mentre se la risposta non lo è, questo viene preso come prova di fraintendimento (cfr. McRoy & Hirst 1995, 436 e Hirst et al. 1994, 6). I fraintendimenti possono accadere quando gli interlocutori si formano aspettative diverse e, perché siano individuati, i partecipanti al discorso devono essere in grado di rilevare proprio questa differenza (cfr. McRoy & Hirst 1993, 57).

I fraintendimenti, in relazione alla loro rilevazione, possono dividersi in due gruppi: quelli operati e riscontrati dalla medesima persona, e quelli operati da un partecipante alla conversazione ma riscontrati da un altro. Il primo caso, che chiamo *auto-individuazione*, vede il destinatario A di un messaggio M1 proferito da B, rendersi conto, con il procedere della conversazione, che la prima interpretazione (I1) che egli

(A) aveva dato a M1 non era adeguata a mantenere la consistenza e coerenza del discorso, per cui deve trovare un'interpretazione alternativa (I2). Nel secondo caso, che indico come *etero-individuazione*, il parlante A riconosce che il messaggio M1 che ha proferito è stato interpretato con I1 dal suo interlocutore B in maniera non corrispondente alle proprie (di A) intenzioni comunicative, corrispondenti a una diversa interpretazione I2; egli lo riconosce dal fatto che successivamente B ha proferito M2 come contributo alla conversazione, mentre se B avesse dato al messaggio M1 l'interpretazione I2, avrebbe successivamente proferito M3 al posto di M2, e M3 sarebbe stato coerente con le aspettative di A (vedi Figura 4 – Individuazione di un fraintendimento).

L'auto-individuazione è in qualche modo l'esclamazione "Ah! Avevo capito male una frase che mi hai detto prima!" mentre l'etero-individuazione porta a dire qualcosa del tipo "No, scusa, forse non hai capito bene quello che ho detto prima"[50].

Questa distinzione si ritrova anche in Hirst et al. 1994 e in McRoy & Hirst 1993, dove le due tipologie sono chiamate, in maniera a mio avviso poco felice, rispettivamente *self-misunderstanding* e *other-misunderstanding*.

It is thus useful to divide misunderstanding into two types: *self-misunderstandings* are those that are both made and detected by the same participant, and *other-misunderstandings* are those that are made by one participant but detected by another. Self-misunderstandings arise when a participant finds that he cannot incorporate an utterance into the discourse consistently, unless he interprets one of

---

[50] I rilevatori di fraintendimenti più educati userebbero espressioni alternative come "Scusa, prima mi sono spiegato male", con le quali il parlante si assume la responsabilità del malinteso.

the other's earlier utterances differently. Other-misunderstandings occur when a participant recognizes that if one of his own acts had been interpreted differently, the other's utterance would have been the expected response to it. The participant might then attempt to change the other's interpretation. For example, he might restate his message, or explicitly tell the other that she has misunderstood; or he might do nothing [...], perhaps in order to avoid social awkwardness. (Hirst et al. 1994, 214)

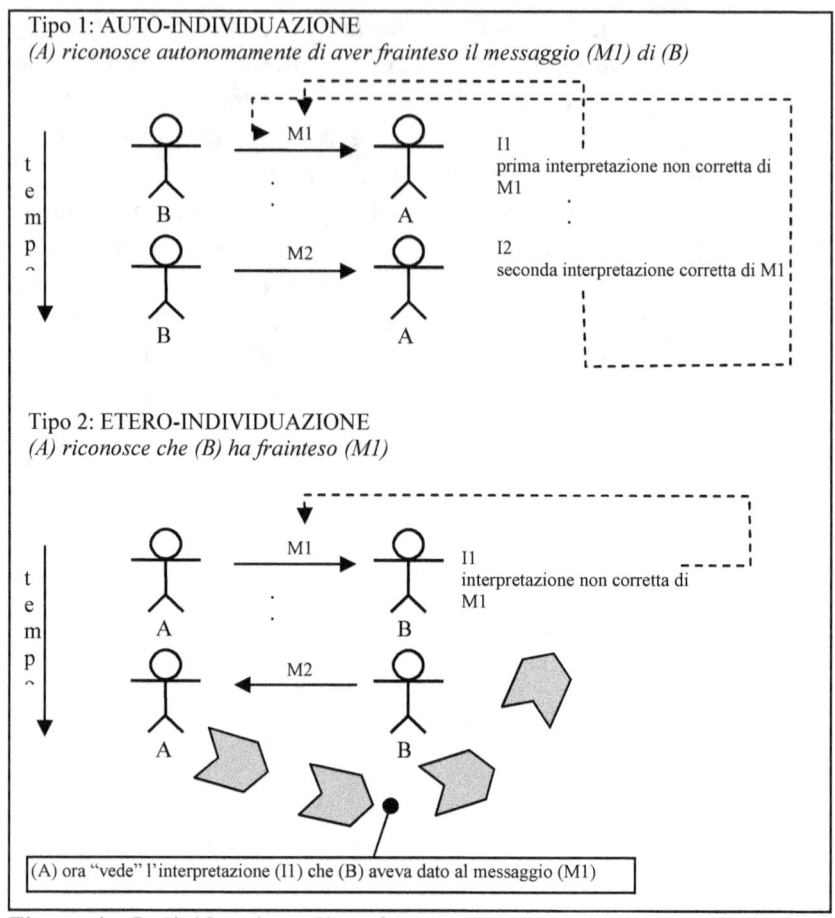

Figura 4 – Individuazione di un fraintendimento

È possibile identificare in entrambi i casi il turno specifico di conversazione che rivela il fraintendimento, e che di solito innesca (*triggers*) il processo di riparazione (cfr. Bazzanella & Damiano 1999, 821). Questo 'turno di individuazione' avviene ovviamente sempre dopo il turno in cui è proferito l'enunciato frainteso, cioè quello in cui sembra ci siano stati problemi d'interpretazione.

Notiamo come l'etero-individuazione richieda che uno dei partecipanti a una conversazione riesca a "immaginarsi" l'interpretazione che qualcun altro ha dato a un proferimento, mentre nel caso dell'auto-individuazione si analizzano le proprie interpretazioni. In entrambi i casi, nel turno in cui qualcuno individua la mancanza di coerenza nella conversazione, il fraintendimento è ancora un'*ipotesi*, suggerita non solo dal contenuto semantico del proferimento, ma anche dal contesto ambientale e dai proferimenti precedenti della conversazione (quello che ho indicato con 'co-testo'). Chi ha rilevato il fraintendimento usa quindi il turno di individuazione come guida che lo aiuti a capire la ragione della produzione delle parti non pertinenti della conversazione, poi, di solito, segnala il problema al suo interlocutore, in modo che possano *collaborare* per ristabilire la coerenza (cfr. Bazzanella & Damiano 1999, 821-822).

Chi rileva il fraintendimento dovrebbe sempre segnalarlo, se questo è all'interno di conversazioni inerenti all'operatività dell'azienda, anche nel caso in cui sia abbastanza certo di aver trovato autonomamente l'interpretazione alternativa corretta: generalmente infatti, con poco sforzo, si riesce ad avere una conferma da parte del proprio interlocutore, il che riduce la possibilità che un'interpretazione non corretta si trasformi in un'altra interpretazione non corretta, o peggio, che un'interpretazione corretta si trasformi in un fraintendimento. Infatti può accadere che sia proprio il turno di individuazione a contenere un fraintendimento: la Figura 5 illustra due casi in cui l'interpretazione corretta è quella originaria, e il supposto fraintendimento non ha avuto luogo); il vero fraintendimento, in questo caso, è quello che avviene al secondo turno. Ecco perché le procedure di controllo sono quindi molto importanti.

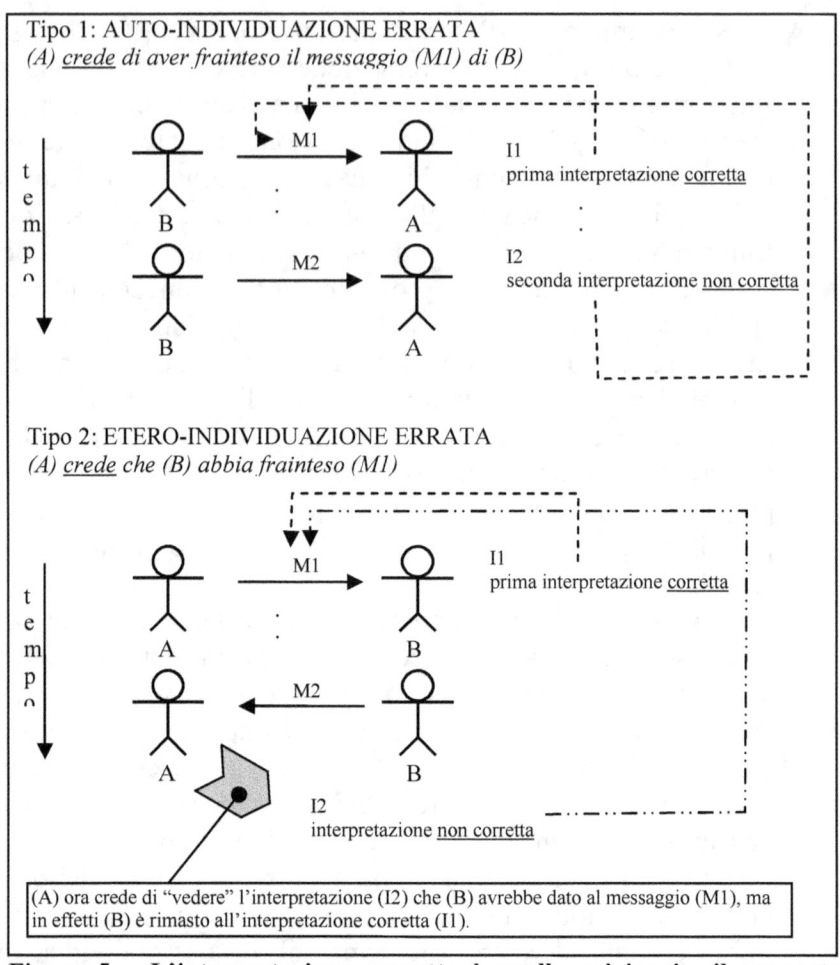

Tipo 1: AUTO-INDIVIDUAZIONE ERRATA
(A) crede di aver frainteso il messaggio (M1) di (B)

M1
B A
I1
prima interpretazione corretta

M2
B A
I2
seconda interpretazione non corretta

Tipo 2: ETERO-INDIVIDUAZIONE ERRATA
(A) crede che (B) abbia frainteso (M1)

M1
A B
I1
prima interpretazione corretta

M2
A B
I2
interpretazione non corretta

(A) ora crede di "vedere" l'interpretazione (I2) che (B) avrebbe dato al messaggio (M1), ma in effetti (B) è rimasto all'interpretazione corretta (I1).

Figura 5 – L'interpretazione corretta è quella originaria, il supposto fraintendimento non ha avuto luogo

5.5 *Strategie di riparazione*

Una volta individuato un possibile fraintendimento in una conversazione, è auspicabile che si passi a una fase di *negoziazione*[51], che porterà probabilmente alla *riparazione*[52] della comunicazione, in modo da ricondurre tutti i partecipanti alla convinzione che "si sono capiti"[53].

Il processo di riparazione può essere categorizzato, similmente a quanto visto sopra per l'individuazione, sia in relazione a chi lo inizia sia in relazione a chi fornisce delle interpretazioni alternative (dette *correzioni*[54]). Una riparazione viene iniziata o dal parlante (*auto-inizio*[55]) oppure dal destinatario (*etero-inizio*[55]) del proferimento che deve essere reinterpretato, cioè corretto. L'auto-inizio può consistere in espressioni verbali tipo "aspetta...mi spiego meglio", "ma come parlo?" e simili, mentre l'etero-inizio può essere innescato da espressioni di meraviglia (anche non verbali, se si tratta di conversazioni faccia a faccia) o di richiesta esplicita di chiarimenti come "devo fare proprio così?", "spiegati meglio",

---

[51] «Quando due persone parlano tra di loro, non solo negoziano il significato di ciò che si dicono, ma negoziano continuamente la loro relazione» (Bazzanella 2005, 211).

[52] In inglese *repair*.

[53] «Come riusciamo a capirci (o a non capirci, o a capirci parzialmente) quando parliamo? Nell'interazione faccia-a-faccia la comprensione segue molte strade, sia verbali che non verbali, e spesso riesce a superare gli ostacoli quotidiani grazie appunto alle informazioni contestuali, alla multimodalità, alla ridondanza dell'informazione, al frequente ricorso all'*abduzione* ed altri meccanismi inferenziali, alla *flessibilità* dell'interazione umana (cfr. il *Principio di Carità* di Davidson), che permette di trascurare, ad esempio, fattori di non-convergenza/allineamento ritenuti secondari» (Bazzanella 2005, 210).
Diversi punti di vista sulla comprensione, da "quello che dovrebbe essere la comprensione" all'"agire come se comprendessimo", da Locke a Garfinkel, passando per Grice e Derrida, si possono trovare in Taylor 1992.

[54] Nel senso di modifica di un'affermazione precedente, e non di passaggio da "errato" a "giusto" (cfr Schegloff et al. 1977, 363).

[55] In inglese *self-initiation*, *other-initiation*, *self-correction* e *other-correction* (cfr. Schegloff et al. 1997).

"eeeh!?", ecc. La correzione vera e propria può essere di tipo spontaneo, cioè prodotta autonomamente dallo stesso parlante (*auto-correzione*[55]) che ha proferito l'enunciato da correggere, o effettuata dal destinatario (*etero-correzione*[55]) (cfr. Schegloff et al. 1977).

In alcuni casi l'inizio di una riparazione potrebbe coincidere con la prima correzione stessa:

1. A. scrive: *Chi pensi possa aiutarmi per questo lavoro?*
2. P. scrive: *Marco*[56]
3. A. scrive: *Paolo*

Nel turno (2) A. ha intuito che P. ha interpretato non correttamente (etero-individuazione) l'assegnazione deittica (la correlazione pragmatica tra un indicale e il corrispettivo oggetto) di 'questo lavoro' nel turno (1), pensando probabilmente si riferisse al lavoro X (in cui Marco poteva essere utile), mentre A. si riferiva al lavoro Y (in cui Marco non ci raccapezza quasi nulla), e quindi fornisce subito la correzione (etero-correzione), senza però produrre prima alcun segnale di inizio di essa. A dire il vero, non credo che questo tipo di correzione, senza né introduzione né una seppur minima spiegazione, sia efficace, o quantomeno cooperativa, perché P. non è aiutato a capire dopo il turno (3) quale sia stato il suo fraintendimento; probabilmente il processo riparatorio dovrà continuare con altre *fasi negoziali*, comunque presenti in quasi tutti i processi di riparazione, in quanto correzioni brusche come quella vista sopra difficilmente sono conclusive. Queste fasi negoziali, a prescindere da chi sia l'autore, partono da una sorta di "allarme fraintendimento" (inizio), per poi procedere a una

---

[56] Nomi di fantasia, ovviamente. Qui non ho usato le solite iniziali puntate, perché il proferimento consisteva unicamente nel nome e quindi si sarebbe ridotto a una lettera puntata, rendendo a mio giudizio l'esempio di conversazione poco chiaro.

prima proposta di correzione, che l'altro può accettare, accettare in parte, rifiutare, rifiutare in parte, producendo direttamente una seconda correzione, oppure fornendo altri elementi utili alla formulazione di una seconda correzione da parte del suo interlocutore, e così via, fino a giungere a un contributo conversazionale che tutti i partecipanti giudicano pertinente con le proprie aspettative (Bazzanella & Damiano 1999, 823-824).

Riprendiamo ora i turni salienti dell'esempio visto sopra nel par. 3.2:

1. P. scrive: *come sei messo a carichi di lavoro?*
2. A. scrive: *niente che non possa abbandonare al suo destino*
3. P. scrive: *allora obero il buon M.* (= "scelgo un'altra persona per questa attività")
4. A. scrive: *hai letto bene la mia risposta?*
5. ...
6. P. scrive: *scusa*
7. ...
8. ...
9. *P.* scrive: *ho perso il non*

In questo caso si è in presenza al turno (4) sia di un'etero-individuazione (il parlante ipotizza dalla risposta del suo interlocutore che quest'ultimo non abbia interpretato correttamente il proferimento precedente[57]), sia di un'etero-inizio di riparazione (il parlante segnala all'interlocutore dove è accaduto un fraintendimento). Il turno di individuazione vero e proprio è però il (3). Trattandosi di una sessione di *chat*, P. ha potuto rileggere l'enunciato che A. gli suggeriva di interpretare

---

[57] Avevo scritto "il parlante ipotizza dalla risposta del suo interlocutore che **egli** non abbia interpretato correttamente il proferimento precedente", ma chi legge avrebbe potuto avere il dubbio se riferire il termine anaforico 'egli' al parlante o all'interlocutore.

diversamente da come aveva fatto, e successivamente P. mostra ad A., nel turno (6) e (10), che ha capito il motivo della sua segnalazione e che ora possono ragionevolmente essere d'accordo sul fatto di avere un'interpretazione condivisa, cioè che la riparazione è stata completata con successo (*conclusione*[58]).

Il processo di riparazione può quindi essere visto come una catena di queste fasi:

individuazione→inizio riparaz.→sequenza di correzioni (negoziazione)→conclusione

> [...] repair is a sequential phenomenon involving repair-'segments' in the course of ongoing talk – segments which have an organization of their own, including, as segment parts 'initiation' and 'outcome'. (Schegloff et al. 1977, 365)

La conclusione di un processo di riparazione potrebbe anche essere negativa, cioè si finisce senza un accordo su un certo enunciato proferito in un turno della conversazione, nel qual caso gli interlocutori sono comunque consapevoli che nel loro discorso c'è stato un fraintendimento, individuato ma non riparato. La scelta di abbandonare la ricerca di una riparazione può essere fatta per vari motivi, per esempio ci si può rendere conto che il fraintendimento verte su una questione secondaria, oppure che vincoli di tempo impediscono il completamento della riparazione (che potrebbe essere rimandata), oppure che si rischia di oltrepassare i limiti della cortesia.

La *logica della cortesia* è stata analizzata da Robin Lakoff in un suo famoso articolo, in cui «nel mettere in rilievo la

---

[58] In inglese, almeno in Schegloff et al. 1977, *completion* è la conclusione della riparazione. Quando una riparazione si conclude ha un esito (*outcome*) che può essere positivo o negativo (cfr. Schegloff et al. 1977, 364).

118

crucialità delle condizioni pragmatiche d'uso, individua due regole della competenza pragmatica» (Bazzanella 2005, 180), cioè "sii chiaro" (cfr. Grice) e "sii cortese". Una violazione della cortesia può essere deleteria per la qualità di ogni comunicazione successiva tra i partecipanti alla conversazione, creando un ostacolo sia alla riparazione del fraintendimento contingente sia di quelli futuri, per cui è «più importante evitare di offendere che ottenere la chiarezza» (Lakoff 1973, 228). La violazione della massima di Grice sulla chiarezza «può compromettere la comprensione, la violazione della cortesia compromette il rapporto stesso» (Bazzanella 2005, 181). Per seguire le indicazioni di Lakoff, che si affiancano in qualche modo alle massime griceane, si dovrebbero quindi evitare le etero-correzioni *tranchant*, senza appello, in cui l'interlocutore si troverebbe a essere corretto come se fosse in una situazione di subordinazione. Questo tipo di correzioni sono in qualche modo ammissibili in contesti in cui è il gioco linguistico stesso a richiederlo, come per esempio nel rapporto tra studente e insegnante[59], ma in questo caso le modalità d'interazione e i

---

[59] Schegloff ha constatato e analizzato la preferenza per le auto-correzioni (nella lingua inglese e nella società anglosassone, è bene precisarlo) nell'ottica dell'organizzazione conversazionale, piuttosto che della cortesia, come invece ha fatto Lakoff:

> Several features of that organization are introduced to explicate the mechanism which produces a strong empirical skewing in which self-repair predominates over other-repair, and to show the operation of a preference for self-repair in the organization of repair (Schegloff et al. 1977, 361).

Per lui l'etero-correzione non può essere in effetti nemmeno vista come una reale alternativa all'auto-correzione:

> This combination compels the conclusion that, although there is a distinction between self-correction and other-correction, SELF-CORRECTION AND OTHER-CORRECTION ARE

ruoli sono istituzionalizzati, accettati da tutti i partecipanti, limitatamente a uno spazio ben definito (l'aula), alla materia specifica di insegnamento e in genere anche al tempo (l'orario di lezione).

Al di fuori di casi particolari, quindi, è stato notato come sia sempre preferibile che una riparazione si concluda con un'auto-correzione, e che gli etero-inizi e le etero-correzioni siano fatte nella forma di suggerimento, ovvero è preferibile che il partecipante a una conversazione, il quale noti che il suo interlocutore ha frainteso qualche frammento precedente del discorso, non imponga la sua correzione, offra delle alternative e metta comunque l'altro a suo agio (sono i tre princìpi della cortesia di Lakoff, cfr. Bazzanella 2005, 181).

> NOT ALTERNATIVES. Rather, the organization of repair in conversation provides centrally for self-correction, which can be arrived at by the alternative routes of self-initiation and other-initiation (Schegloff et al. 1977, 377).

Le eccezioni, cioè le etero-correzioni, sembrano quindi ben definibili, come per esempio nell'insegnamento:

> The exception is most apparent in the domain of adult-child interaction, in particular parent-child interaction; but it may well be more generally relevant to the not-yet-competent in some domain without respect to age. There, other-correction seems to be not as infrequent, and appears to be one vehicle for socialization. If that is so, then it appears that other-correction is not so much an alternative to self-correction in conversation in general, but rather a device for dealing with those who are still learning or being taught to operate with a system which requires, for its routine operation, that they be adequate self-monitors and self-correctors as a condition of competence. It is, in that sense, only a transitional usage, whose supersession by self-correction is continuously awaited (Schegloff et al. 1977, 381).

Questa logica della cortesia, secondo il mio punto di vista, si relativizza nelle conversazioni lavorative, in particolare quando da parte di un partecipante sono stati individuati fraintendimenti di tale importanza da ritenere che possano influenzare la buona riuscita delle attività, o comunque la qualità del risultato. Questo non significa che la cortesia diventi un inutile orpello quando sono in corso processi comunicativi operazionali-decisionali: sono convinto che le precedenti considerazioni sull'importanza primaria di mantenere il canale comunicativo con gli interlocutori rimangano valide, ma in questo caso le modalità con cui un livello accettabile di cortesia si mantiene sono, a mio parere, diverse rispetto a un contesto meno orientato a risultati concreti. Mi ricollego in questo al mio precedente ragionamento riguardante la possibilità che, in certi contesti, eventuali violazioni ai principi di Grice (in particolare l'economia informativa, ovvero non dire più del necessario) fossero solo apparenti (cfr. par. 5.2). Privilegiare, nella contingenza conversazionale, la cortesia a tutti i costi rispetto alla chiarezza, potrebbe rivelarsi un danno ancora peggiore che chi omette di riparare il fraintendimento ora, provoca al suo interlocutore in futuro. Non è difficile immaginarsi situazioni in cui scegliamo di non correggere il destinatario di un nostro messaggio, proferito qualche turno prima nella conversazione, pur essendoci resi conto che egli lo ha frainteso: supponiamo, ad esempio, che egli abbia inteso che doveva essere eseguita la procedura X, mentre invece noi volevamo comunicare che si doveva eseguire Y. Ciò indurrà il nostro interlocutore a compiere errori di cui in seguito potrebbe essere costretto a rendere conto e che potrebbero causargli degli svantaggi più o meno grandi, svantaggi di cui, una volta compreso che derivano da un proprio fraintendimento, potrebbe giustamente attribuire la responsabilità a chi non lo ha corretto in tempo. Una piccola scortesia preventiva, o meglio, anche una (etero)correzione esplicita (che vìola qualche principio di Lakoff visto sopra), può quindi evitare attriti ben peggiori in seguito.

È possibile salvare la cortesia, pur privilegiando la chiarezza? Nell'articolo di Schegloff sulla preferenza per l'auto-correzione (Schegloff et al. 1977) si nota come le etero-correzioni siano spesso formulate in modo da non essere imposte, per esempio esprimendole come incertezza, con la formula tipica "forse vuoi dire..?" ("Y'mean X?"[60] in Schegloff et al. 1997):

1. P. dice: Dovresti chiamare Z. per parlargli del nuovo programma…

2. A. dice: Forse intendi dire D., credo, no?

3. P. dice: Ah sì, certo, D.

oppure in forma scherzosa:

1. P. dice: Dovresti chiamare Z. per parlargli del nuovo programma…

2. A. dice: Sì, come no…(risata). Non credo proprio che Z. sia interessato!

3. P. dice: (risata), sì, certo, volevo dire di chiamare D.

Queste possono essere viste come delle tecniche comunicative che mirano a riparare ogni fraintendimento (chiarezza della comunicazione), pur mantenendo collaborativo e cortese il rapporto con gli interlocutori (apertura del canale).

Infine, è bene sottolineare che esiste in genere una differenza di uso del linguaggio nelle conversazioni lavorative, a seconda che queste abbiano luogo tra colleghi oppure tra persone che appartengono ad aziende diverse, con cui è in essere un qualche rapporto: nel primo caso si ha una maggiore libertà nella scelta delle modalità espressive per operare una riparazione di un fraintendimento, pur salvaguardando il più possibile la cortesia, perché è più forte l'obiettivo comune; nel

---

[60] «Y'» è la forma contratta discorsiva del pronome personale «you».

secondo caso invece i rapporti sono generalmente più formali e si hanno aspettative di cortesia maggiori. Inoltre, nelle conversazioni tra partecipanti appartenenti ad aziende differenti, in particolare se operanti in campi diversi, il fraintendimento potrebbe essere causato da conoscenze non condivise (vedi sopra par. 3.6), per cui potrebbe a volte essere difficoltoso arrivare a una riparazione in una sola sessione di conversazione, a meno che uno imponga la propria posizione all'altro. In questo caso può accadere che uno dei partecipanti alla conversazione rilevi la difficoltà (il possibile fraintendimento) e quindi la segnali al suo interlocutore, dopo di che entrambi potrebbero accorgersi che una riparazione soddisfacente non è immediatamente possibile, e di conseguenza impegnarsi ad approfondire in qualche modo l'argomento ognuno per conto proprio ed eventualmente a ridiscuterne in un secondo momento, per giungere a una correzione condivisa. Un'alternativa a questo approccio potrebbe essere quello in cui uno dei partecipanti rileva un indicatore di fraintendimento nella discussione, ma il suo tentativo di segnalazione all'interlocutore è difficoltoso, per ragioni contestuali, per cui decide di cercare le cause del problema comunicativo autonomamente, quando la conversazione sarà terminata. Questo tentativo di trovare qualche correzione non coinvolge quindi l'interlocutore che ha frainteso, ma solo il partecipante rilevatore, che in un secondo momento potrà decidere se iniziare una nuova conversazione con l'interlocutore di quella precedente al fine di completare la riparazione. Le ragioni contestuali che impediscono la segnalazione del fraintendimento, potrebbero essere, per esempio, che il soggetto rilevatore:

- non vuole coinvolgere nel processo di riparazione altri partecipanti eventualmente presenti alla conversazione;
- vuole preventivamente verificare, all'interno della propria azienda, se le informazioni necessarie alla riparazione

possono essere comunicate al suo interlocutore (che appartiene a un'altra azienda);

- ha una posizione molto meno importante del suo interlocutore[61], per cui teme che in un processo di riparazione possano emergere correzioni interpretabili come scortesie.

Concludendo, quando i fraintendimenti vertono su argomenti che influiscono praticamente sulle scelte e sulle azioni dell'azienda, è evidente l'importanza di una loro riparazione, però questa deve essere mediata il più possibile con la salvaguardia dei rapporti interpersonali, altrettanto importanti per il mantenimento del canale di comunicazione. Diventa quindi cruciale non solo il risultato finale (l'accordo tra tutti i partecipanti alla conversazione che non sono rimaste zone dubbie di comprensione), ma anche il modo con cui ci si arriva. In termini di competenza si può notare inoltre come sia distinta quella che permette a qualcuno di individuare un fraintendimento dalla competenza necessaria per ottenere o fare accettare una correzione riparatrice che non abbia effetti negativi sul lato delle relazioni sociali; in altri termini, chi ha talento nell'individuare le zone problematiche di una conversazione e le cause di fraintendimento, non sempre è anche in grado di trovare la migliore strategia di riparazione.

---

[61] Il confronto tra le posizioni, tra "gerarchie", di due aziende diverse dipende oltre che dai ruoli anche dall'importanza dell'azienda: un alto dirigente di una grande banca di livello mondiale è considerato più importante del presidente di una società di cinque dipendenti.

124

6 CONCLUSIONI

Il fenomeno della comunicazione tra esseri umani mediante espressione e comprensione di enunciati è stato ed è oggetto di molte analisi: per qualcuno si tratta di cercare di rispondere alla domanda "come facciamo a capirci?", per altri a "ma ci capiamo veramente?", per altri ancora a "perché non possiamo veramente capirci?".

Anche lo stesso termine 'capirsi' deve essere *capito* nel contesto del suo uso, io credo. Quasi sempre ci si capisce *abbastanza* in relazione al contesto, alle motivazioni per cui ha luogo un evento linguistico, al grado di conoscenza di una materia, ma ci si fraintende sempre un po', è una questione di gradazioni (cfr. Taylor 1992), e «la comprensione è spesso un risultato non raggiunto o un processo faticoso, non solo nei casi di dialoghi 'difficili' come quelli con gli anziani, gli stranieri, gli afasici, ma anche in situazioni cosiddette 'normali'» (Bazzanella 2005, 209).

Le conversazioni sulle modalità e operazioni inerenti l'attività lavorativa, specie se tra appartenenti alla stessa azienda, possono essere sicuramente annoverate tra le situazioni non critiche, ma la richiesta di maggior precisione comporta una diminuzione della soglia di tolleranza al fraintendimento. Inoltre

posto che si sia interessati in modo speciale al linguaggio come mezzo per descrivere la realtà e comunicare informazione, bisogna convincersi che anche da questo punto di vista le cose sono, in pratica, assai più complicate di quanto creda chi sostiene che comprendere un enunciato equivale a conoscerne le condizioni di verità. I motivi sono almeno due. In primo luogo, il fornire informazione non può mai ridursi al proferire enunciati in modo casuale e sconnesso: parlando, dobbiamo sempre tenere conto della situazione in cui ci troviamo, delle informazioni di cui i nostri interlocutori presumibilmente già dispongono, delle loro aspettative ecc.; inoltre ci sono regole precise di costruzione del discorso, violando le quali ciò che diciamo rischierebbe di suonare folle. Un parlante deve sapere tutto questo almeno implicitamente; ma, per sapere questo, conoscere le condizioni di verità dei singoli enunciati non basta. In secondo luogo, le condizioni di verità degli enunciati sono concepite di solito come qualcosa di relativamente fisso e stabile. Di conseguenza, se il contenuto informativo degli enunciati dipendesse per intero dalle loro condizioni di verità, dovrebbe essere a sua volta stabile. Ma solo fintanto che si contemplano gli enunciati prescindendo da ogni loro impiego effettivo si può avere l'impressione che sia così. In realtà, ciò che si può comunicare per mezzo di un dato enunciato varia enormemente – quasi illimitatamente – con il variare dei contesti. (Casalegno 1997, 17)

Non ci si deve meravigliare quindi che anche nelle conversazioni lavorative ci sia ampio spazio per i fraintendimenti, affrontabili e spesso risolvibili, così come accade in tutte le interazioni umane, con il metodo della *negoziazione*, attraverso un processo detto di *co-costruzione* dei significati, che rende la conversazione stessa una *co-costruzione* (cfr. Bazzanella 2005, 211 e Duranti 1986).

Nell'analisi delle conversazioni nella *web agency*, sembra emergere da parte dei parlanti che cominciano una conversazione, un approccio tendente a minimizzare lo sforzo comunicativo: all'inizio si proferiscono o si scrivono frasi contenenti molti elementi con alta probabilità di fraintendimento (pronomi per cui non è chiaro il riferimento, sintassi ambigua, conoscenze presupposte la cui condivisione non è probabile, ecc.), probabilmente nella speranza che il destinatario sia comunque in grado di interpretarli correttamente. Se chi ha

126

proferito l'enunciato frainteso si rende conto in qualche modo (auto-individuazione o etero-individuazione) che non ha ottenuto il risultato comunicativo voluto, allora costruisce enunciati più precisi, per esempio esternando alcuni elementi inizialmente impliciti e cercando di ridurre le eventuali ambiguità sintattico-pragmatiche; in genere interviene poi in suo aiuto nel processo di riparazione il suo interlocutore, in un crescendo di precisazioni-correzioni. Pur non essendo né possibile né auspicabile un prolisso ed esaustivo approccio al primo turno di ogni conversazione, si nota però come molto spesso un atteggiamento opposto, dettato dall'ottimismo della comprensione, porti a proferimenti fin troppo poveri di contenuto (semantica), forma (sintassi) e precisi riferimenti a situazioni e credenze (pragmatica), perché si possa francamente sperare in un successo comunicativo al primo tentativo. In questi casi ci si deve augurare che l'interlocutore, destinatario del messaggio, sia portato a cooperare almeno al punto di segnalare al parlante le parti problematiche della conversazione.

Un maggiore sforzo preventivo da parte dei partecipanti a una conversazione, specie nelle fasi iniziali, consistente in una ricerca di chiarezza espositiva nei momenti in cui si assume il ruolo di parlante, e in un atteggiamento critico nei riguardi delle possibili interpretazioni quando si assume il ruolo di destinatario, non può che diminuire l'occorrenza di fraintendimenti e la conseguente necessità di processi di riparazione.

Molto importante dal punto di vista aziendale è poi il momento in cui le riparazioni degli inevitabili fraintendimenti hanno luogo: in conversazioni il cui scopo è concordare delle azioni concrete, dipanare le incomprensioni prima dell'attuarsi dell'oggetto dell'interscambio comunicativo è evidentemente meno dannoso di una comprensione "postuma", che comporta la necessità non solo di correggere il fraintendimento, ma anche le conseguenze dell'atto pratico (e, d'altronde, quest'ultima correzione non è sempre possibile).

Pur avendo capacità innate diverse, ognuno può migliorare i vari aspetti delle proprie competenze comunicative, con conseguenti benefici per l'attività aziendale. Spesso però questo approccio si risolve con la frequentazione di corsi di comunicazione che, dando per scontati i fondamenti della comunicazione linguistica, atterrano direttamente sul campo delle tecniche retoriche e dell'empatia, e talora privilegiano la comprensione della persona (l'interlocutore) rispetto alla comprensione linguistica. Le massime di Grice, la cortesia di Lakoff e altri filoni di stampo pragmatico, certamente hanno influenzato questo approccio, pur di per sé molto utile, ma che in qualche modo trascura l'accertamento (e l'eventuale perfezionamento) del livello delle conoscenze su cui la pragmatica comunque si basa: sintassi, semantica, riferimenti, nomi. Anche gli aspetti più marcatamente pragmatici spesso sono affrontati facendo più leva sull'intuizione, che su una reale *consapevolezza linguistica*[62]. Sono convinto che prima di affrontare corsi di comunicazione in cui si parla di "convincere", "giudicare", "pause", ecc., si dovrebbe invece passare per "nome", "sinonimìa", "enunciato", "proferimento", "condizioni

---

[62] La consapevolezza linguistica (*language awareness*) è diventata la bandiera di un movimento di insegnanti di lingue, nato negli anni '70 e tuttora attivo, tendente a rivalutare l'importanza della conoscenza esplicita dei meccanismi linguistici da parte degli studenti:

> Basic to the definition of language awareness is the goal of getting students to become sensitive to the role that language plays in every usage, including school life. Thus, asking questions about language, learning to listen (educating the ear), and attempting to grasp the relationship between spoken and written forms of language, all serve to define what educators see as foundational to the definition of *awareness of language* (Hawkins, 1984) (Labercane et al. 1997, 91).

di verità", "giochi linguistici", "deissi" ecc., cioè si dovrebbero toccare (non dico approfondire) i concetti della tradizionale filosofia del linguaggio e della linguistica.

Bibliografia

Abbagnano, N., 1971, *Dizionario di filosofia*, Torino, UTET.

Ardissono, L., Boella, G., Damiano, R., 1998, "A Plan-based Model of Misunderstandings in Cooperative Dialogue", in *International Journal of Human-Computer Studies*, maggio 1998, vol. 48, num. 5, 649-679, Elsevier.

Austin, J.L., 1950, "Truth", in Austin 1961, 117-133.

Austin, J.L., 1961, Philosophical Papers, Oxford, Oxford University Press (1979).

Austin, J.L., 1962/1975, *How to Do Things with Words*, Oxford, Oxford University Press (*Come fare cose con le parole*, trad. it. di C. Villata, Genova, Marietti, 2007).

Bazzanella, C., 2005, *Linguistica e pragmatica del linguaggio*, Roma-Bari, Laterza (2008).

Bazzanella, C., Damiano, R., 1997, "Il fraintendimento linguistico nelle interazioni quotidiane: proposte di classificazione", in *Lingua e Stile*, XXXII, num. 3, settembre 1997, 369-395.

Bazzanella, C., Damiano, R., 1999, "The Interactional Handling of Misunderstanding in Everyday Conversations", in *Journal of Pragmatics*, vol. 31, num. 6, giugno 1999, 817-836.

Bianchi, C., 2003, *Pragmatica del linguaggio*, Roma-Bari, Laterza (2008).

Bianchi, C., 2005, "Capire e farsi capire: pragmatica" in Bianchi, C., Vassallo, N. (cur.), 2005, 42-67.

Bianchi, C., Vassallo, N. (cur.), 2005, *Filosofia della comunicazione*, Roma-Bari, Laterza.

Blum-Kulka, S., Weizman, E., 1988. "The Inevitability of Misunderstanding: Discourse Ambiguities", in *Text*, vol. 8, num. 3, 219-241.

Casalegno, P., 1997, *Filosofia del linguaggio. Un'introduzione*, Roma, Carocci.

Chomsky, N., 1968, *Language and Mind*, New York, Harcourt, Brace & World (2006, Cambridge, Cambridge University Press).

Council of Europe, 2001, *Common European framework of reference for languages: learning, teaching, assessment.*, Cambridge, Cambridge University Press (*Quadro comune europeo di riferimento per le lingue: apprendimento, insegnamento, valutazione*, trad. it, Milano, La Nuova Italia, 2002).

Cosenza, G., 1997, *Intenzioni, significato, comunicazione. La filosofia del linguaggio di Paul Grice*, Bologna, Cleub.

Dascal, M., 1989, "The Relevance of Misunderstanding", in Dascal, M. (cur.) *Dialogue: an interdisciplinary approach*, 1989, 441-459, Amsterdam-Philadelphia, Benjamin.

Devoto, G., Oli, G.C., 2004, *Dizionario della Lingua Italiana*, Firenze, Le Monnier.

Di Biase, G., 2008, *Comunicare bene: per un'etica dell'attenzione*, Milano, Vita e Pensiero.

Duranti, A., "The Audience as Co-author. An Introduction", in *Text* (special issue), vol. 6, num. 3., 239-247.

Eerdmans, S., Prevignano, C., Thibault, P.J. (cur.), 2003, *Language and Interaction: Discussions with John J. Gumperz*, Amsterdam, J. Benjamins.

Gabrielli, A., 1974, *Come parlare e scrivere meglio*, Milano, Selezione dal Reader's Digest.

Grice, H.P., 1989, *Studies in the Ways of Words*, Cambridge, Cambridge University Press.

Hawkins, E., 1984, *Awareness of Language: An Introduction*, Cambridge, Cambridge University Press.

Heidegger, M., 1929, *Was ist Metaphysik*, Bonn, F. Cohen (*Che cos'è Metafisica?*, trad. it. di F. Volpi, Milano, Adelphi, 2003).

Hikkita, J.J., 1965, "Cogito, ergo sum: Inferenza o Performance?", in Sesonske, A., Fleming, N. (cur.) *Meta-*

Meditations: Studies in Descartes, 1965, 50-76, Belmont, Wadsworth Publishing Company Inc. (*Cartesio*, Gori, G. (cur.), trad. it. di A. Lupoli, Milano, Isedi, 1977).

Hirst, G., McRoy, S., Heeman, P., Edmonds, P., Horton, D., 1994, "Repairing Conversational Misunderstandings and Non-Understandings" in *Speech Communication*, dicembre 1994, vol. 15, 213-229, Elsevier.

Hymes, D., 1972, "On Communicative Competence", in Pride, J.B., Holmes, J., (cur.) *Sociolinguistics*, 1972, 269-293, Harmondsworth, Penguin Books (*Universali linguistici*, Ravazzoli, F., (cur.), Milano, Feltrinelli, 1979, 212-243).

Jakobson, R., 1963, *Essais de linguistique générale*, Paris, Les Éditions de Minuit (*Saggi di linguistica generale*, trad. it. di L. Grassi e L. Heilmann, Milano, Feltrinelli, 1970).

Jouette, A., 2005, *L'Essentiel de la Grammaire française*, Lyon, Maxi-Livres.

Joyce, J., 1939, *Finnegans Wake*, (1999, London, Penguin).

Kenny, A.J.P., 1973, *Wittgenstein*, London, Allen Lane The Penguin Press (*Wittgenstein*, trad. it. di E. Moriconi, Torino, Boringhieri, 1996).

Kuhn, T.S., 1962, *The Structure of Scientific Revolutions*, Chicago, University of Chicago Press (*La struttura delle rivoluzioni scientifiche*, trad. it. di A. Carugo, Torino, Einaudi, 1999).

Labercane, G., Griffith, B., Feuerverger, G., 1997, "Critical Language Awareness" in Tulasiewicz & Zajda (cur.) 1998, 91-108.

Lakoff, R., 1973, "The Logic of Politeness; or, Minding your P's and Q's" in *Papers from the Ninth Regional Meeting of the Chicago Linguistic Society*, Chicago, University of Chicago, (trad. it. in Sbisà (cur.) 1978, "La logica della cortesia ovvero, bada a come parli", 220-239).

Longo, G., 1980, *Teoria dell'informazione*, Torino, Boringhieri.

Lycan, W.G., 2000, *Philosophy of Language. A Contemporary Introduction*, London, Routledge (*Filosofia del linguaggio. Un'introduzione contemporanea*, trad. it. di A. Coliva, Milano, Cortina, 2002).

Mangione, C., Bozzi, S., 1993, *Storia della logica. Da Boole ai nostri giorni.*, Milano, Garzanti.

McRoy, S., Hirst, G., 1993, "Misunderstanding and the Negotiation of Meaning", in *AAAI Technical Report FS-93-05. Compilation*, ottobre 1993, 57-62, AAAI.

McRoy, S., Hirst, G., 1995, "The Repair of Speech Act Misunderstandings by Abductive Inference", in *Computational Linguistics*, vol. 21, num. 4, dicembre 1995, 435-478, MIT Press Journals.

Penco, C. (cur.), 2002, *La svolta contestuale*, Milano, McGraw-Hill.

Penco, C., 2004, *Introduzione alla filosofia del linguaggio*, Roma-Bari, Laterza.

Perlis, D., Purang, K., Andersen, C., 1998, "Conversational Adequacy: Mistakes are the Essence", in *International Journal of Human Computer Studies*, vol. 48, num. 5, maggio 1998, 553-575.

Perry, J., 2002, "Indicali, contesti e costituenti inarticolati" in Penco (cur.) 2002, 241-252.

Picardi, E., 2002, "Il principio del contesto in Frege e Wittgenstein" in Penco (cur.) 2002, 3-23.

Pietarinen, A.J., 2005, "Relevance Theory Through Pragmatic Theories of Meaning" in *Proceedings of the XXVII Annual Meeting of the Cognitive Science Society*, Lawrence Erlbaum, 1767-1772.

Presidenza Del Consiglio Dei Ministri, 2001, "Guida alla redazione dei testi normativi", in *Gazzetta Ufficiale*, maggio 2001, n.101, suppl. ord. n.105, Circolare 2 maggio 2001, n. 1088.

Prevignano, C., Di Luzio, A., 1995, "A Discussion with John J. Gumperz", in Eerdmans, S., Prevignano, C., Thibault, P.J. (cur.) 2003, 7-29.

Saussure, F., 1916 , *Cours de linguistique générale* (1995, Paris, Payot).

Sbisà, M. (cur.), 1978, *Gli atti linguistici. Aspetti e problemi di filosofia del linguaggio*, Milano, Feltrinelli.

Schegloff, E.A., Jefferson, G., Sacks, H., 1977, "The Preference for Self-Correction in the Organization of Repair in Conversation", in *Language*, vol. 53, num. 2, 361-382, Linguistic Society of America.

Sperber, D., Wilson, D., 1986, *Relevance. Communication and Cognition*, Oxford, Blackwell (*La pertinenza*, trad. it., Milano, Anabasi, 1993).

Taylor, J.T., 1992, *Mutual Misunderstanding. Scepticism and the Theorizing of Language and Interpretation*, Durham and London, Duke University Press (*L'incomprensione linguistica*, trad. it. di F. Casadei, Roma-Bari, Laterza, 1996).

Tulasiewicz, W., Zajda, J.I. (cur.), 1998, *Language Awareness in the School Curriculum*, Melbourne, James Nicholas Publishers.

Volli, U., 2005, "Analizzare testi: semiotica" in Bianchi & Vassallo (cur.) 2005, 68-89.

Weigand, E., 1999, "Misunderstanding: The standard case", in *Journal of Pragmatics*, vol. 31, num. 6, giugno 1999, 763-785.

Wittgenstein, L., 1922, *Tractatus logico-philosophicus*, London, Routledge (*Tractatus logico-philosophicus e Quaderni 1914-1916*, trad. it. di A. G. Conte, Torino, Einaudi, 1998).

Wittgenstein, L., 1953, *Philosophische Untersuchungen*, Oxford, Basil Blackwell (*Ricerche filosofiche*, trad. it. di R. Piovesan e di M. Trinchero, Torino, Einaudi, 1999).

Filmografia

Fantozzi, 1975, Italia, di Luciano Salce, con P. Villaggio, G. Reder, A. Mazzamauro.

Distretto di Polizia 8, 2008, episodio 9, "Effetti collaterali" (serie TV Mediaset), di A. Capone con S. Corrente, F. Inaudi, A. Foglietta, M. Giusti, E. Silvestrin, G. Bevilacqua, D. Nigrelli.

Documenti su web

(i collegamenti ai siti web si intendono validi alla data del 1 giugno 2009)

Andrighetto, G., 2006a, "La grammatica cognitiva. Intervista a Ronald Langacker", http://www.giornaledifilosofia.net/public/scheda.php?id=66

Andrighetto, G., 2006b, "Le nuove sfide della linguistica cognitiva", http://www.giornaledifilosofia.net/public/scheda.php?id=63

Consiglio d'Europa, 2001, "European Language Portfolio – Levels", http://www.coe.int/T/DG4/Portfolio/?L=E&M=/main_pages/levels.html

Enciclopedia Britannica, http://www.britannica.com/EBchecked/topic/240915/grammar#ref115396

http://www.britannica.com/EBchecked/topic/329791/language/27160/Grammar#ref393791

http://www.britannica.com/EBchecked/topic/471865/Positivism/68578/Developments-in-Linguistic-Analysis-and-their-offshoots#ref561111

Evangelista, L., 2006, "Un glossario/un dizionario dei termini utilizzati nell' orientamento" (http://www.orientamento.it/orientamento/2h.htm).

Evangelista, L., 2007, "Le competenze. Cosa sono, come rilevarle, come si utilizzano nell'orientamento" (http://www.orientamento.it/orientamento/6d.htm).

Ministero Pubblica Istruzione, 2009, "Portfolio Europeo delle Lingue",
http://www.pubblica.istruzione.it/argomenti/portfolio/pelq uadro.shtml

Presidenza Del Consiglio Dei Ministri, 2001, "Guida alla redazione dei testi normativi",
http://www.giustizia.it/giustizia/it/mg_15.wp?contentId=L EG46761

Stilema, 2008, "Glossario "Parole di legno"",
http://www.stilema.it/PDF/glossario.pdf

Unione Europea, 2006, "The European Indicator of Language Competence",
http://europa.eu/legislation_summaries/education_training _youth/lifelong_learning/c11083_en.htm

INDICE ANALITICO

amcontent.com/pod-product-compliance
Source LLC
ourg PA
0841310526
B00010B/178

www.in
Lightnin
Chambe
CBHWC
45793